AF195065

Netzwerk neu

A2 | Testheft mit Audios

Anna Pilaski
Margret Rodi
Kirsten Althaus

 Alles Digitale zu diesem Buch kann auf der Lernplattform **allango** von Ernst Klett Sprachen abgerufen werden. So geht's:

 QR-Code scannen oder **www.allango.net** aufrufen | Buchtitel oder ISBN in der Suche eingeben und auf das Buchcover klicken | Zu Inhalt navigieren, direkt abrufen oder speichern

Ernst Klett Sprachen
Stuttgart

Autorinnen: Anna Pilaski, Margret Rodi, Kirsten Althaus
Redaktion: Annette Kretschmer
Herstellung: Alexandra Veigel
Gestaltungskonzept: Petra Zimmerer, Nürnberg; Alexandra Veigel
Layoutkonzeption: Petra Zimmerer, Nürnberg
Umschlaggestaltung: Anna Wanner

Illustrationen: Florence Dailleux, Frankfurt
Satz: Regina Krawatzki, Stuttgart
Reproduktion: Meyle + Müller GmbH + Co. KG, Pforzheim
Titelbild: Dieter Mayr, München

Informationen und zu diesem Titel passende Produkte finden Sie auf www.klett-sprachen.de/netzwerk-neu

1. Auflage 1 ⁶ ⁵ ⁴ | 2027 26 25

© Ernst Klett Sprachen GmbH, Rotebühlstraße 77, 70178 Stuttgart, 2021.
Alle Rechte vorbehalten. Die Nutzung der Inhalte für Text- und Data-Mining ist ausdrücklich vorbehalten und daher untersagt.
www.klett-sprachen.de

Das Werk und seine Teile sind urheberrechtlich geschützt. Jede Nutzung in anderen als den gesetzlich zugelassenen Fällen bedarf der vorherigen schriftlichen Einwilligung des Verlags.

Druck und Bindung: Elanders Waiblingen GmbH

ISBN 978-3-12-607167-3

Inhalt

Einleitung	4
1 Und was machst du?	6
2 Nach der Schulzeit	9
3 Immer online?	13
4 Große und kleine Gefühle	16
5 Leben in der Stadt	19
6 Arbeitswelten	22
7 Ganz schön mobil	25
8 Gelernt ist gelernt!	28
9 Sportlich, sportlich	31
10 Zusammen leben	34
11 Wie die Zeit vergeht!	38
12 Gute Unterhaltung!	41
Anhang	
Transkripte	44
Lösungen	50
Bewertung und Benotung	54
Quellenverzeichnis	56

Symbole im Testheft

🔊 Hören Sie den Text.

[P] GZ Diese Aufgabe bereitet Sie auf die Prüfung *Goethe-Zertifikat A2* vor.

[P] SD Diese Aufgabe bereitet Sie auf die Prüfung *telc Deutsch A2 (SD)* vor.

[P] ÖSD Diese Aufgabe bereitet Sie auf die Prüfung *ÖSD Zertifikat A2* vor.

👥 Sprechen Sie mit einem Partner / einer Partnerin.

Einleitung

Für wen ist das Testheft?

Das Testheft eignet sich sowohl zum Testen als auch zum Üben. Es richtet sich an Lehrende, die den Leistungsstand Ihrer Teilnehmenden ermitteln wollen, und an Lernende, die sich eigenständig testen möchten.

Was für Tests enthält dieses Heft?

Sie finden hier Lernfortschrittstests zu jedem Kapitel von *Netzwerk neu A2*.
Die Tests folgen dem handlungsorientierten Ansatz des Lehrwerks. Mithilfe der Tests können Sie kontrollieren, ob die Lernenden den Lernstoff der einzelnen Kapitel beherrschen. Deshalb gibt es Aufgaben zu Wortschatz und Grammatik sowie zu den Fertigkeiten Hören, Lesen, Schreiben und Sprechen.
Viele Testaufgaben entsprechen im Format den Prüfungsaufgaben aus *Goethe-Zertifikat A2* des Goethe-Instituts, *telc Deutsch A2* der telc gGmbH und aus *Zertifikat A2* des ÖSD. In der Übersicht auf S. 5 sehen Sie, welche Prüfungsaufgaben in welchem Test geübt werden.

Wie sind die Tests aufgebaut?

Jeder Test besteht aus acht verschiedenen Teilaufgaben. Für jede Aufgabe kann man in der Regel maximal 5 Punkte bekommen. Insgesamt kann man pro Test 40 Punkte erreichen.
Die Tests beginnen immer mit dem Hören und schließen mit einer Sprechaufgabe ab.

Wie macht man die Tests?

Sie können die Tests im Unterricht machen. Den Testteil Sprechen können Sie kopieren und ausschneiden.
Im Anhang finden Sie einen Lösungsschlüssel. Die Testteile Schreiben und Sprechen bewertet Sie. Eine Bewertungshilfe zu den Prüfungsformaten finden Sie auf S. 54–56.
Ihre Lernenden können die Tests auch allein zu Hause machen. Dann brauchen sie jemanden, der die Testteile Schreiben und Sprechen bewertet, und für die Testaufgaben Sprechen auch noch einen Partner / eine Partnerin.

Prüfungsaufgaben im Testheft

	Goethe Zertifikat A2	*telc Deutsch A2 (SD)*	*ÖSD Zertifikat A2*
Hören			
Aufgabe 1	Test 4, Aufgabe 1 (S. 16)	Test 6, Aufgabe 1 (S. 22)	Test 12, Aufgabe 1 (S. 41)
Aufgabe 2	Test 3, Aufgabe 1 (S. 13)	Test 7, Aufgabe 1 (S. 25)	Test 5, Aufgabe 1 (S. 19)
Aufgabe 3	Test 9, Aufgabe 1 (S. 31)	Test 2, Aufgabe 1 (S. 9)	Test 8, Aufgabe 1 (S. 28)
Aufgabe 4	Test 11, Aufgabe 1 (S. 38)		
Lesen			
Aufgabe 1	Test 8, Aufgabe 7 (S. 30)	Test 9, Aufgabe 6 (S. 32–33)	Test 3, Aufgabe 6 (S. 14–15)
Aufgabe 2	Test 9, Aufgabe 6 (S. 32–33)	Test 4, Aufgabe 6 (S. 17) Test 12, Aufgabe 6 (S. 42–43)	Test 1, Aufgabe 5 (S. 7)
Aufgabe 3	Test 2, Aufgabe 6 (S. 11) Test 11, Aufgabe 7 (S. 40)	Test 7, Aufgabe 6 (S. 26–27)	
Aufgabe 4	Test 5, Aufgabe 6 (S. 20) Test 10, Aufgabe 6 (S. 36)		
Schreiben			
Aufgabe 1	Test 1, Aufgabe 7 (S. 8) Test 11, Aufgabe 6 (S. 39)	Test 2, Aufgabe 7 (S. 12)	Test 6, Aufgabe 7 (S. 24) Test 9, Aufgabe 7 (S. 33)
Aufgabe 2	Test 5, Aufgabe 7 (S. 21) Test 8, Aufgabe 6 (S. 29)	Test 4, Aufgabe 7 (S. 18) Test 10, Aufgabe 7 (S. 37)	
Sprechen			
Aufgabe 1	Test 1, Aufgabe 8 (S. 8)	(ähnlich wie Test 1 und Test 7, Aufgabe 1)	Test 7, Aufgabe 8 (S. 27)
Aufgabe 2	Test 2, Aufgabe 8 (S. 12)	Test 4, Aufgabe 8 (S. 18) Test 10, Aufgabe 8 (S. 37) Test 12, Aufgabe 8 (S. 43)	Test 6, Aufgabe 8 (S. 24) Test 11, Aufgabe 8 (S. 40)
Aufgabe 3	Test 3, Aufgabe 8 (S. 15) Test 9, Aufgabe 8 (S. 33)	Test 3, Aufgabe 8 (S. 15) Test 9, Aufgabe 8 (S. 33)	

Autorinnen und Verlag wünschen viel Spaß und Erfolg!

1 Und was machst du?

Und was machst du?

1 Hören Sie die Gespräche zweimal. Sind die Sätze richtig oder falsch? Kreuzen Sie an.

0. Dalia kann nicht kommen, weil ihre Schwester krank ist. Richtig | Fal[X]sch
1. Grigor kommt allein zur Party, weil seine Freundin arbeiten muss. Richtig | Falsch
2. Tarik kommt etwas später, weil er den Zug verpasst hat. Richtig | Falsch
3. Herr Osborne bringt Blumen mit. Richtig | Falsch
4. Ricarda hilft Frederic beim Kochen. Richtig | Falsch
5. Felix kann nur im Garten vom Restaurant feiern. Richtig | Falsch   ___/5

2 Ergänzen Sie die Sätze. Vier Wörter passen nicht.

Ausbildung | geheiratet | Hochzeit | mieten | reiten | renovieren | ~~Rentner~~ | fließend | Studium | schnell

0. Tareks Eltern arbeiten schon seit drei Jahren nicht mehr. Sie sind _Rentner_.
1. Jannik hat letztes Jahr eine _____ zum Augenoptiker angefangen.
2. Elias Mutter kommt aus Dänemark, sein Vater aus Schweden. Er spricht also zwei Sprachen _____.
3. Ich liebe Sport! Wir haben zwei Pferde und gehen jedes Wochenende _____.
4. Wir haben jetzt ein Haus auf dem Land. Es ist sehr alt und wir müssen noch viel _____. Aber es ist schön ruhig dort.
5. Herr und Frau Ho haben vor drei Jahren in Las Vegas _____. Jetzt sind sie schon wieder geschieden.   ___/5

3 Ergänzen Sie die Sätze im Perfekt.

fahren | erzählen | machen | zurückkommen | fliegen | ~~sehen~~

○ Wann (0) _hast_ du denn Goran das letzte Mal _gesehen_?
● Ich (1) _____ gestern mit dem Motorrad zu ihm _____.
○ Oh toll! Wie geht es ihm? Was (2) _____ er die letzten Monate so _____?
● Er war in Peru und (3) _____ viel von seiner Reise _____.
○ Ach, stimmt, er (4) _____ vorgestern erst aus Peru _____.
● Ja, genau, er war auch noch total müde. Er (5) _____ zehn Stunden _____.   ___/5

6 sechs

Und was machst du?

4 Schreiben Sie Nebensätze mit *weil*.

0. Carla hat einen Tag Urlaub genommen, *weil sie Geburtstag hat.*
   weil / sie / haben / Geburtstag / .

1. Ich muss am Wochenende arbeiten, _____
   weil / meine Kollegin / sein / krank / .

2. Julia kann heute nicht Baketball spielen, _____
   weil / sie / lernen müssen / für eine Prüfung / .

3. John ist glücklich, _____
   weil / er / bekommen haben / gute Noten / .

4. Wir kochen nicht so oft, _____
   weil / wir / haben / nur am Wochenende / Zeit / .

5. Mario und Luz können nicht zur Party kommen, _____
   weil / sie / gefahren sein / nach Spanien / .   ___/5

5 Lesen Sie zuerst den folgenden Text und lösen Sie dann die fünf Aufgaben.

Reisen mit Mama?!

Reisen mit Mama, geht das? Viele fahren mit Freunden, dem Partner oder der Partnerin in Urlaub, aber mit der Mutter? Jakob und seine Mutter Gabi sagen: „Das geht super!"
Jakob war nach der Schule ein halbes Jahr in Buenos Aires. Wieder zu Hause hat er viel von dem Land und den Leuten erzählt. Gabi reist nicht viel und ihr haben seine Geschichten gut gefallen. Seit letztem Jahr ist sie in Rente und hat viel Zeit. Da hatten sie die Idee: Sie wollen gemeinsam durch Argentinien reisen. Sie haben alles gemeinsam geplant, die Flüge gekauft und die Orte ausgewählt. Jakob hat noch eine Unterkunft für die erste Woche reserviert. Anfang Dezember sind sie nach Buenos Aires geflogen. Dort hat Jakob ihr die Stadt gezeigt. Abends sind sie in einen Tango-Club gegangen und haben sich mit Freunden von Jakob getroffen. Manchmal war die Kommunikation schwierig, weil Gabi kein Spanisch und kein Englisch spricht und die Freunde kein Deutsch. Aber am Ende haben sie mit Händen und Füßen gesprochen. Nach einer Woche sind sie weitergefahren: fünf Wochen mit dem Bus und dem Zug in Richtung Süden, nach Patagonien. Sie haben viele spannende Orte gesehen. Beide sagen, dass es eine tolle Erfahrung war. Nächstes Jahr wollen sie zusammen nach Peru reisen.

0. Jakob und Gabi
   A ☐ reisen jedes Jahr zusammen.
   B ☒ waren in Argentinien.
   C ☐ verstehen sich nicht gut.

1. Gabi
   A ☐ arbeitet nicht mehr.
   B ☐ hat kaum Zeit.
   C ☐ plant häufig Reisen.

2. Für die Reise
   A ☐ hat Jakob die Flüge gekauft.
   B ☐ haben Jakob und Gabi die Orte ausgewählt.
   C ☐ hat Gabi die Unterkunft reserviert.

3. In Argentinien
   A ☐ haben sie Tango tanzen gelernt.
   B ☐ sind sie nach Patagonien gereist.
   C ☐ haben sie viele Freunde besucht.

4. Gabi spricht
   A ☐ Deutsch und Spanisch.
   B ☐ Deutsch und Englisch.
   C ☐ Deutsch.

5. Auf der Reise
   A ☐ war es oft langweilig.
   B ☐ haben sie viel gemacht.
   C ☐ haben sie auch Peru besucht.   ___/5

1 Und was machst du?

6 Und Sie? Was haben Sie letztes Jahr gemacht? Schreiben Sie einen kurzen Text.

Schreiben Sie zu den folgenden Punkten ein bis zwei Sätze:
- Arbeit/Studium
- Freunde/Familie
- Hobbys
- Sport
- Reisen

___ / 5

7 Sie sind mit Dave zum Abendessen verabredet. Schreiben Sie eine SMS.

- Entschuldigen Sie sich, weil Sie keine Zeit haben.
- Schreiben Sie, warum.
- Schlagen Sie ein neues Treffen vor.

Schreiben Sie 20–30 Wörter.
Schreiben Sie zu allen drei Punkten.

___ / 5

8 Sie bekommen vier Karten und stellen mit diesen Karten vier Fragen. Ihr Partner / Ihre Partnerin antwortet. Dann stellt Ihr Partner / Ihre Partnerin vier Fragen und Sie antworten.

Person A

Fragen zur Person
Geburtstag?

Fragen zur Person
Beruf?

Fragen zur Person
Hobbys?

Fragen zur Person
Freunde?

Person B

Fragen zur Person
Familie?

Fragen zur Person
Sport?

Fragen zur Person
Land?

Fragen zur Person
Sprachen?

Wie alt bist du?

Ich bin 27 Jahre alt.

___ / 5

___ / 40

2 Nach der Schulzeit

Nach der Schulzeit

1 Sie hören ein Gespräch. Zu diesem Gespräch gibt es fünf Aufgaben. Ordnen Sie zu und notieren Sie den Buchstaben. Sie hören den Text zweimal.

Wo arbeiten diese Personen?

0. Joshua   Lösung: [a] *in einer Apotheke*

Wer?	0. Joshua	1. Beatrice	2. Meret	3. Pietro	4. Marco	5. Emily
Wo?	a					

[X] in einer Apotheke
[b] bei einer Zeitung
[c] im Krankenhaus
[d] in einer Bäckerei
[e] in einer Werbagentur
[f] auf Messen
[g] in einer Sprachschule
[h] in einer Zahnarztpraxis
[i] in einem Architekturbüro

___/ 5

2 Larissa erzählt. Lesen Sie den Text und ergänzen Sie die Wörter.

Ausbildung | Noten | Praktikum | Abitur | ~~Grundschule~~ | Gymnasium

Mit sechs Jahren bin ich zur (0) *Grundschule* gegangen. Hier in Köln dauert sie vier Jahre. Danach war ich acht Jahre Schülerin am (1) _____. Zum Glück hatte ich meist gute (2) _____, außer in Latein. Vor neun Monaten habe ich das (3) _____ geschafft. Jetzt mache ich ein (4) _____ im Krankenhaus und warte auf einen Platz an der Universität. Ich möchte Medizin studieren. Vielleicht muss ich lange warten. Dann mache ich zuerst eine (5) _____ zur Krankenschwester.

___/ 5

3 Ergänzen Sie die Dialoge mit Possessivartikeln im Dativ.

0. ○ Wo ist denn Tina?
   ● Sie ist mit *ihrem* Freund in der Mensa.

1. ○ Was macht ihr am Donnerstagabend?
   ● Wir gehen mit _____ Kollegen in eine Kneipe.

2. ○ Wohnt Jannes schon mit _____ Freundin zusammen?
   ● Ja, seit zwei Monaten.

3. ○ Weißt du schon, was du nach _____ Studium machen willst?
   ● Ja, ich reise ein halbes Jahr durch Australien.

4. ○ Sollen wir am Samstag essen gehen?
   ● Nein, das passt mir nicht so gut. Am Wochenende esse ich immer bei _____ Eltern.

5. ○ Möchten Sie ein Stück Kuchen zu _____ Kaffee haben?
   ● Nein, danke.

___/ 5

neun 9

2 Nach der Schulzeit

4 Akkusativ oder Dativ? Schreiben Sie die Sätze mit der richtigen Artikelform. Beginnen Sie mit den markierten Wörtern.

0. ich / machen / <u>seit – ein Jahr</u> / eine Ausbildung / zu – die Hotelkauffrau / .
   Seit einem Jahr mache ich eine Ausbildung zur Hotelkauffrau.

1. <u>man</u> / machen / die Mechanikerlehre / in – eine Werkstatt / .

2. machen / <u>Kira</u> / wollen / ein Praktikum / in – eine Bank / .

3. <u>die Universität</u> / sein / bekannt / für – die Bibliothek / .

4. er / sein / müssen / in – die Universität / <u>an – der Montag um 9 Uhr</u> / .

5. immer / fahren / <u>wir</u> / mit – das Fahrrad / in – die Schule / .

___/5

5 Ergänzen Sie die Modalverben im Präteritum.

Ich wohne in Nairobi, Kenia, und lerne Deutsch an der Universität. In der Schule (0) *durfte* (wollen / dürfen) ich leider nur Französisch lernen. Nach der Schule (1) _____ (wollen / sollen) ich Medizin studieren, weil meine Eltern das (2) _____ (wollen / müssen). Aber ich (3) _____ (müssen / wollen) Fremdsprachen studieren.

Und das mache ich jetzt auch. Dafür (4) _____ (dürfen / müssen) ich eine zweite Sprache lernen. Bald reise ich nach Deutschland. Zuerst (5) _____ (wollen / müssen) ich nach Österreich fahren, aber dann habe ich eine Einladung nach Köln bekommen. Dort kann ich einen Sprachkurs machen.

___/5

2 Nach der Schulzeit

6 Sie lesen eine E-Mail. Wählen Sie für die Aufgaben 1 bis 5 die richtige Lösung a, b oder c.

Lieber Jero,

wie geht's dir? Was machst du jetzt eigentlich? Wie war dein Jahr in England? Wir haben genau vor einem Jahr unseren Schulabschluss gemacht und es ist so viel passiert. Nach der Schule habe ich erst mal eine Pause gemacht. Ich habe viel Volleyball gespielt und mich mit Freunden getroffen. Und ich habe wieder mehr gemalt und einen Italienischkurs angefangen. Da hatte ich dann die Idee: Ich gehe nach Italien und studiere Kunstgeschichte und doch nicht Jura in Regensburg.

Jetzt bin ich schon seit einem halben Jahr in Mailand und es gefällt mir richtig gut. Aber am Anfang war es nicht einfach. Ich musste mir ein Zimmer, einen Job und natürlich Freunde suchen. An der Universität war alles anders organisiert als in der Schule. Das war zuerst ganz schön stressig, weil mein Italienisch noch nicht so gut war. Zum Glück habe ich mich nicht lange allein gefühlt. Jetzt wohne ich in in einer WG mit Gaia, einer Italienerin, und Sofia, einer Russin. Sie sind sehr nett und lustig. Wir verstehen uns super und sprechen immer Italienisch. Außerdem kochen wir jeden Montagabend zusammen und machen auch abends und am Wochenende viel gemeinsam. Letzte Woche waren Sofia und ich in Venedig und bald fahren wir zwei Tage nach Florenz.

Willst du zu meinem Geburtstag kommen? Sandra und Leon kommen auch. Ihr könnt in Gaias Zimmer schlafen. Sie ist an dem Wochenende bei ihren Eltern, weil ihre Mutter 60 Jahre alt wird. Wir können uns Mailand und die Uni ansehen. Und wir können auch ans Meer fahren. Was denkst du?

Schreib mir bald!
Liebe Grüße
Livia

1. Livia hat nach der Schule …
   a nicht gearbeitet.
   b als Italienischlehrerin gearbeitet.
   c einen Malkurs gemacht.

2. Livia studiert in Mailand …
   a Italienisch.
   b Kunstgeschichte.
   c Jura.

3. Livia hat …
   a keinen Stress an der Universität.
   b eine Wohnung für sich allein.
   c Freunde gefunden.

4. Livia, Gaia und Sofia essen …
   a abends zusammen.
   b am Montag zusammen.
   c am Wochenende zusammen.

5. Jero kann in Gaias Zimmer schlafen, …
   a weil Livia Geburtstag hat.
   b weil Gaias Mutter Geburtstag hat.
   c weil Sandra und Leon Geburtstag haben.

___ / 5

2 Nach der Schulzeit

7 Ihr Bekannter Cédric möchte als Au-pair bei einer Familie in Deutschland arbeiten und muss ein Formular ausfüllen. Er bittet Sie um Hilfe. Schreiben Sie die fünf fehlenden Informationen in das Formular.

Zeugnis

Cédric Voltaire
geb. 13.11.2003, Bordeaux, Frankreich
hat vom 15. bis 17. August an einem Babysitterkurs (12 Stunden) im Jugend-Café Erlangen-Süd teilgenommen.

J. Malik

Cédric Voltaire

Kochstraße 4
91054 Erlangen
Tel.: 0179-8750083

Cédric hat dieses Jahr in Bordeaux Abitur gemacht. Vor zwei Monaten ist er zu seiner Freundin nach Erlangen gezogen. Er möchte gern in Nürnberg oder Erlangen als Au-pair arbeiten. Er hat schon oft mit Kindern gearbeitet. Seine Muttersprache ist Französisch und er spricht ein bisschen Englisch und Deutsch.

Formular – Au-pair Jetzt!

Willkommen bei Au-pair Deutschland. Füllen Sie bitte das Formular aus. Wir suchen für Sie die passende Familie.

Nachname	Voltaire (0)
Vorname	Cédric
Geburtsdatum	_____ (1)
Straße, Hausnummer	Kochstraße 4
Postleitzahl, Wohnort	91054 _____ (2)
Land	Deutschland
Telefon	0179-8750083
Nationalität	französisch
Geschlecht	☒ männlich ☐ weiblich ☐ keine Angaben
Schulabschluss	_____ (3)
Erfahrung mit Kindern	☒ ja ☐ nein
Wunschorte	_____ (4)

Tragen Sie auch Folgendes ein:

Muttersprache	Französisch
Fremdsprachen	_____ (5)

___ / 5

8 Sie bekommen eine Karte und erzählen Ihrem Partner / Ihrer Partnerin etwas über Ihr Leben.

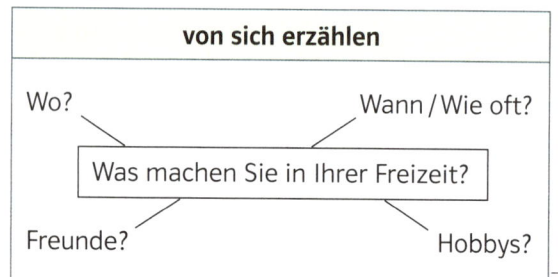

___ / 5

___ / 40

Immer online?

1 Sie hören ein Gespräch. Sie hören den Text einmal. Welche Medien und Geräte benutzen die Personen? Wählen Sie für die Aufgaben 1 bis 5 ein passendes Bild aus a bis i. Wählen Sie jeden Buchstaben nur einmal. Sehen Sie sich jetzt die Bilder an.

Person	0. Lucy	1. Dana	2. Marek	3. Opa Eric	4. Philipp	5. Saskia
Lösung	c					

a b c d e
f g h i ___/5

2 Welches Verb passt? Unterstreichen Sie.

0. eine Umfrage <u>machen</u> / haben
1. ein Start-Up herunterladen / gründen
2. eine App entwickeln / weiterleiten
3. Fotos hochladen / tippen
4. in Kontakt kommentieren / bleiben
5. Sorgen checken / haben ___/5

3 Immer online? Was gehört zusammen? Ordnen Sie zu.

0. Bei der Arbeit recherchiere ich _B_
1. Klicken Sie bitte ____
2. Seit ein paar Jahren liest Emilio ____
3. Nora lädt sich ____
4. Im Büro checke ich ____
5. Leiten Sie mir bitte ____

A den Link an.
B viele Informationen auf Webseiten.
C die E-Mail weiter.
D die Zeitung nur noch online.
E oft Musik herunter.
F zuerst meine E-Mails. ___/5

4 Ergänzen Sie die Adjektive im Komparativ oder Superlativ.

gern | teuer | alt | ~~interessant~~ | viel | gut

0. Welche Filme findest du am _interessantesten_: Krimis, Thriller oder Komödien?
1. Smartwatches kosten viel, Tablets sind auch nicht billig, aber Laptops sind am _____.
2. Bücher brauchen _____ Platz als E-Book-Reader.
3. Projekte mag ich _____ als Vorlesungen und Seminare.
4. Martas Handy ist ganz neu, das von meinem Freund ist ein Jahr alt und mein Handy habe ich schon drei Jahre lang. Es ist am _____.
5. Mein Laptop funktioniert _____ als Azras Laptop. ___/5

3 Immer online?

5 Wie war der Film? Schreiben Sie Sätze mit *dass*.

0. Maja: „Der Film war super!"   Maja findet, dass _der Film super war._

1. Aylin: „Der Film war viel zu lang."

   Aylin hat es nicht gefallen, dass _____

2. Max: „Die Schauspielerin hat Talent."

   Max ist der Meinung, dass _____

3. Carlo: „Die Filmmusik war schön."

   Carlo sagt, dass _____

4. Lia: „Das Thema ist sehr aktuell."

   Lia mag es, dass _____

5. Milote: „Die Geschichte ist sehr traurig."

   Milote erzählt, dass _____   ___/5

6 Lesen Sie die zehn Überschriften und die fünf Texte. Suchen Sie dann zu jedem Text (1–5) die passende Überschrift (A–J) und schreiben Sie den Buchstaben auf die Linie über dem Text. Pro Text gibt es nur eine richtige Lösung.

A Smartphones überraschen uns täglich
B Jung hilft Alt
C Bestellen und bezahlen per App – schnell und bequem!
D Eine interaktive App für Kinder und Jugendliche
E Informatikkurse für Jung und Alt.
F Tischreservierung – so leicht wie noch nie!
G Ausstellung: Lachen ist gesund!
H Täglich Smartphone & Co
I Die Stadt lacht!
J Multimediale Ausstellung

1. Überschrift: ____
Egal, wo: in der Schule, bei der Arbeit, auf der Straße, im Park, im Supermarkt, auf dem Stephansdom oder im Kaffeehaus. Babys, Kinder, Jugendliche, Erwachsene und ältere Menschen. Wir wollen die Wiener lachen sehen! Posten Sie Ihr bestes Foto auf Instapic und markieren Sie uns: @mittagspost. Jeden Monat gewinnt das Foto mit den meisten Likes einen Foto-Workshop.

(aus einer österreichischen Zeitung)

2. Überschrift: ____
Bloggen, checken, chatten, downloaden, mailen, posten … Sind das für Sie Fremdwörter? Das Stadtteilzentrum Hamburg-Wandsbek bietet ab Montag einmal in der Woche einen Kurs für Seniorinnen und Senioren an. Jugendliche zeigen Ihnen, wie viel Spaß das Internet machen kann und wie praktisch es ist. So bleiben Sie mit Freunden und Familie in Kontakt. Es gibt noch freie Plätze.
Informationen: www.stz-hamburg-wandsbek.de

(aus einer deutschen Zeitung)

3. Überschrift: ____
Wir haben 1.000 Deutsche zwischen zehn und 27 Jahren gefragt, welche Medien sie täglich nutzen. Das Ergebnis überrascht nicht. Mit dem Smartphone schreiben die meisten jeden Tag Nachrichten und verschicken Bilder. Mehr als drei Viertel der Befragten sieht jeden Tag Filme und Serien im Internet. Musik ist auch für viele sehr wichtig. Sie laden sich Musik im Internet herunter oder hören sie direkt online. Das Ergebnis der Umfrage sehen Sie hier:

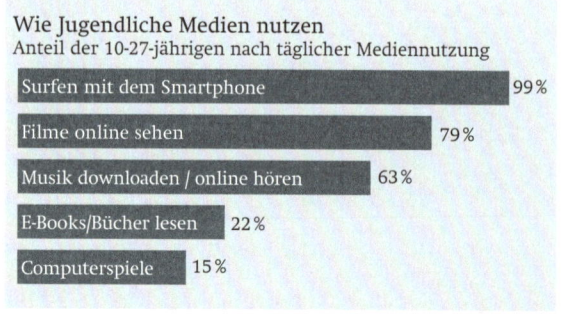

(aus einer deutschen Zeitung)

4. Überschrift: _____

Die drei Freunde Urs Wido, Alex Gonzalez und Sofia Tschirnow haben direkt nach dem Studium ein Start-Up gegründet und ihre App *Resto* entwickelt. *Resto* kann man in vielen Restaurants benutzen. Sie soll das Bestellen und Bezahlen leichter machen. Der Gast geht in ein Restaurant und setzt sich an einen Tisch. Die App speichert das. Nun kann der Gast über *Resto* seine Bestellung machen, die Rechnung wird automatisch mit der App bezahlt. Nur das Essen und die Getränke bringen Kellner und Kellnerinnen. Haben Sie sie schon ausprobiert?

(aus einer Schweizer Zeitung)

5. Überschrift: _____

Die aktuelle Ausstellung „Medien früher und heute" zeigt Ihnen, wie sich digitale Medien und technische Geräte in den letzten Jahrzehnten entwickelt haben. Sie können alle Apps, Spiele und Geräte ausprobieren. Für Kinder und Jugendliche bieten wir multimediale, interaktive Führungen und Workshops zum Thema „Medienkonsum macht Spaß, aber wie viel ist gesund?" an. Der Eintritt ist frei!
Informationen: www.medienundkunst.com

(aus einer deutschen Zeitung)

_____ / 5

7 Thema Film. Beantworten Sie die Fragen und schreiben Sie zu jeder Frage ein bis zwei Sätze.

1. Welche Filme sehen Sie gern?
2. Wo sehen Sie Filme?
3. Wie oft sehen Sie Filme?
4. Wer sind Ihre Lieblingsschauspieler/innen?
5. Was ist Ihr Lieblingsfilm? Warum?

_____ / 5

8 Sie wollen zusammen ins Kino gehen. Finden Sie einen gemeinsamen Termin. Machen Sie Vorschläge.

Teilnehmer/in A

	Mo	Di	Mi	Do	Fr	Sa	So
17:00	Yoga	Teambesprechung		Arzttermin	Hochzeitsgeschenk mit Anna kaufen	Hochzeit Julius und Marta	
18:00							
19:00		Theatergruppe	Yoga				
20:00							

Teilnehmer/in B

	Mo	Di	Mi	Do	Fr	Sa	So
17:00			Computerkurs	arbeiten		Ausflug an den See	Grillen bei Max
18:00				Deutsch lernen mit Maria			
19:00					Sport mit Luisa		
20:00				Kochen mit Frank			

_____ / 5

_____ / 40

4 Große und kleine Gefühle

Große und kleine Gefühle

1 Sie hören fünf kurze Texte. Sie hören jeden Text zweimal. Wählen Sie für die Aufgaben 1 bis 5 die richtige Lösung [a], [b] oder [c].

0. Wann hat Gregor Zeit?
   [a] Am Donnerstag.
   [b] Am Freitag.
   [X] Am Samstag.

1. Was soll Yvonna nicht vergessen?
   [a] Die Blumen.
   [b] Das Buch.
   [c] Den Käsekuchen.

2. Was sollen die Hörerinnen und Hörer machen?
   [a] Den Namen von dem Lied nennen.
   [b] Anrufen, wenn sie das Lied hören.
   [c] Konzertkarten für Namika reservieren.

3. Warum kann Anke nicht zur Hochzeit kommen?
   [a] Weil sie krank ist.
   [b] Weil sie arbeiten muss.
   [c] Weil sie Urlaub hat.

4. Wie wird das Wetter am Samstag?
   [a] Windig und kalt, aber sonnig.
   [b] Windig, kalt und es regnet.
   [c] Windig, kalt und es schneit.

5. Wo findet die Präsentation statt?
   [a] Im Hotel Zur Linde.
   [b] Im Rathaus.
   [c] Im Veranstaltungssaal.   ___ / 5

2 Hören Sie die Situationen. Welche Reaktion passt? Kreuzen Sie an.

0. [X] Das macht doch nichts.   [b] So ein Pech!
1. [a] Na und?   [b] Wie schade!
2. [a] Das ist ja toll! Karla, ich freue mich riesig.   [b] Keine Sorge, Karla. Es geht schon wieder.
3. [a] Das gibt's doch nicht.   [b] Das tut mir wirklich leid.
4. [a] Entschuldige, das darf doch nicht wahr sein!   [b] So ein Glück!
5. [a] Ja, ich freue mich riesig!   [b] Es ist alles okay.   ___ / 5

3 Welches Gefühl passt? Ergänzen Sie.

~~fröhlich~~ | genervt | glücklich | nervös | stolz | unglücklich

0. Silke hat Urlaub und die Sonne scheint. Sie ist _fröhlich_.
1. Ana Maria hat nicht viele Freunde und ist oft allein. Sie ist oft _____.
2. Carola kommt immer zu spät. Janis muss dann warten und ist _____.
3. Amid hat morgen seine Führerscheinprüfung. Er ist _____.
4. Felix und Corinna heiraten heute. Sie lachen und sind sehr _____.
5. Emine hat beim Marathon den 3. Platz gemacht. Sie ist sehr _____.   ___ / 5

4 Was fühlen Sie? Ergänzen Sie die Sätze.

0. Ich bin nervös, wenn _ich am Telefon Deutsch sprechen soll._
1. Ich bin gestresst, wenn _____
2. Ich bin traurig, wenn _____
3. Ich bin glücklich, wenn _____
4. Ich habe Angst, wenn _____
5. Ich bin sauer, wenn _____   ___ / 5

5 Ergänzen Sie die Verben und Reflexivpronomen in der richtigen Form.

sich ärgern | ~~sich freuen~~ | sich entscheiden | sich langweilen | sich treffen | sich unterhalten

Hi Katja,

das war echt ein super Abend gestern! Endlich habe ich auch Sascha kennengelernt. Er ist wirklich toll! Ich (0) _freue_ _mich_ so für dich. Andreas und er haben (1) _____ richtig gut _____.
Andreas hat gesagt, dass er (2) _____ keine Sekunde _____ hat. Das sagt er sonst nie, du kennst ja Andreas. 😊
Ich wollte dich noch etwas fragen: Wir haben für heute Abend zwei Karten für ein Violinkonzert in der Musikhalle. Sina und Karin sind beide krank und können nicht mitkommen. Ich (3) _____ _____ ein bisschen, dass sie erst jetzt abgesagt haben. Aber habt ihr vielleicht Lust und Zeit? Bitte (4) _____ _____ bis 17 Uhr. Ich finde es super, wenn wir (5) _____ heute Abend noch mal _____.

Ganz liebe Grüße
Nora

___ / 5

6 Lesen Sie den Text und die Aufgaben 1 bis 5. Sind die Aussagen richtig (+) oder falsch (−)? Kreuzen Sie an.

	richtig	falsch
0. Arianna arbeitet als Au-pair bei einer Familie.	X	−
1. Arianna bringt die Kinder in die Schule.	+	−
2. Arianna fährt jeden Morgen mit Frau Schneider zum Deutschkurs.	+	−
3. Ariannas Freunde kommen nicht aus Deutschland.	+	−
4. In zwei Wochen besucht sie ihre Familie.	+	−
5. Am Anfang war Arianna nicht so glücklich in Deutschland.	+	−

___ / 5

Mein Jahr in Deutschland

Ich heiße Arianna und komme aus Ecuador. Seit einem Jahr bin ich in Deutschland als Au-pair. Ich wohne bei einer Familie in Starnberg. Morgens bringe ich die beiden Kinder, Lucas und Rini, in den Kindergarten und fahre dann zu meinem Deutschkurs in die Sprachschule. Meine Deutschlehrerin, Frau Schneider, wohnt auch in Starnberg und nimmt mich oft im Auto mit. Hier in Deutschland habe ich gute Freunde gefunden. Ich habe sie im Deutschkurs kennengelernt. Sie kommen aus vielen Ländern. Wir gehen oft zusammen ins Kino und, wenn das Wetter schön ist, im See schwimmen.
In zwei Wochen fliege ich nach Ecuador zurück. Ich freue mich sehr auf meine Familie. Wir haben uns viele E-Mails geschrieben und viel telefoniert, weil ich am Anfang traurig war. Es war dunkel und kalt. Die Sonne hat mir gefehlt und die Leute. Bei uns ist es immer warm und die Leute sind immer draußen. Jetzt ist in Deutschland Sommer und die Leute sind fröhlich und ich fühle mich sehr wohl. Aber leben möchte ich hier nicht so gern.

4 Große und kleine Gefühle

7 Ihr Bekannter Mijail heiratet am 3. März seine Freundin Viola. Die Hochzeit ist in Nürnberg. Mijail hat sie eingeladen. Antworten Sie mit einem Brief.

Hier finden Sie vier Punkte. Wählen Sie **drei** aus. Schreiben Sie zu jedem dieser drei Punkte ein bis zwei Sätze. Vergessen Sie nicht den passenden Anfang und den Gruß am Schluss.
Schreiben Sie circa 40 Wörter.

Dank und Glückwünsche	Ort und Wegbeschreibung
Geschenk	übernachten in Nürnberg

___ / 5

8 Nehmen Sie zwei Karten mit Fragen und eine dritte Karte mit einem Fragezeichen. Fragen Sie Ihren Partner / Ihre Partnerin. Ihr Partner / Ihre Partnerin antwortet und stellt dann die nächste Frage.

Thema: Feste

Thema: Feste
Wen ...?

Wen lädst du zum Geburtstag ein?

Meistens feiere ich mit meinen Freunden.

Thema: Feste	Thema: Feste
Wer ...?	**Wie ...?**
Wo ...?	**Wann ...?**
Wie lange ...?	**Welch ...?**
...?	**...?**

___ / 5

___ / 40

Leben in der Stadt

1 Lesen Sie die Aufgabe gut durch. Sie haben 30 Sekunden Zeit.
Situation: Sie hören folgende Nachricht. Hören Sie gut zu und schreiben Sie die wichtigsten Informationen auf das Notizblatt. Sie hören den Text zweimal.

Notizen – Vorstellungsgespräch

0. Firma: _Meller_
1. Termin: _____, 10:30 Uhr
2. E-Mail: _____
3. Wann anrufen? _____
4. Telefonnummer: _____
5. mitnehmen: _____

___/5

2 Hören Sie und kreuzen Sie an: richtig oder falsch? Sie hören jedes Gespräch einmal.

0. Die Frau ist bei der Polizei. — **Richtig** ✗ / Falsch
1. Der Mann ist bei der Behörde. — Richtig / Falsch
2. Der Mann ist bei der Post. — Richtig / Falsch
3. Der Mann ist bei der Polizei. — Richtig / Falsch
4. Die Frau ist bei der Behörde. — Richtig / Falsch
5. Die Frau ist bei der Bank. — Richtig / Falsch

___/5

3 Was passt? Ergänzen Sie.

abheben | beantragen | ~~erledigen~~ | eröffnen | unterschreiben | verlängern

0. Lea muss noch einige Dinge _erledigen_: einkaufen, zur Bank gehen und zur Post.
1. Pascal geht heute zum Amt. Er möchte seinen Personalausweis _____. Er ist nicht mehr lange gültig.
2. Ein Pass kostet in Deutschland 60 €. Man kann den Betrag bequem mit der Kreditkarte bezahlen, man muss vorher kein Geld _____.
3. Das Vorstellungsgespräch war sehr gut. Sarah _____ am Freitag den Vertrag.
4. Für die Russlandreise muss Max noch ein Visum _____.
5. Ava geht zur Bank. Sie möchte dort ein Konto _____.

___/5

4 Graz – meine Lieblingsstadt. Lesen Sie den Text und ergänzen Sie die Adjektiv-Endungen.

Graz ist ist bekannt für das (0) historisch_e_ Zentrum. In der Altstadt gefallen mir die (1) alt___ Häuser und der (2) schön___ Dom. In Graz ist ein Berg. Von dort kann man die Stadt und die Alpen sehen. Ich frühstücke gern im (3) bekannt___ Café *Promenade*; der (4) lecker___ Milchkaffee ist wirklich eine Sensation. Danach gehe ich noch in den (5) klein___ Geschäften shoppen.

___/5

neunzehn **19**

5 Leben in der Stadt

5 *mit* oder *ohne*? Ergänzen Sie die Präposition und das Artikelwort.

0. Paul hat sein Flugticket zu Hause vergessen. __Ohne sein__ (sein) Ticket kann er nicht fliegen.
1. Kann ich hier auch _____ (meine) italienischen Kreditkarte bezahlen?
2. In vielen Ländern sollte man nicht _____ (sein) Personalausweis auf die Straße gehen.
3. Im Urlaub macht Selina gern Videos _____ (ihr) Smartphone.
4. Goran hat immer Probleme _____ (sein) Handys. Sie gehen schnell kaputt.
5. Veras Schüssel ist weg. _____ (ihr) Schlüssel kann sie nicht in ihre Wohnung. ___/5

6 Sechs Personen suchen im Internet nach einem Job. Lesen Sie die Aufgaben 1 bis 5 und die Anzeigen a bis f. Welche Anzeige passt zu welcher Person? Für eine Aufgabe gibt es keine Lösung. Markieren Sie so X. Die Anzeige aus dem Beispiel können Sie nicht mehr wählen.

0. Eduardo möchte eine Ausbildung machen und Menschen helfen. [d]
1. Darja möchte ein paar Stunden pro Woche jobben und hat schon als Kellnerin gearbeitet. [ ]
2. Sofia kann nur vormittags arbeiten und hat drei Jahre bei einer Zahnärztin im Büro gearbeitet. [ ]
3. Magda möchte gern ihre Englisch-Kenntnisse verbessern und gleichzeitig Geld verdienen. [ ]
4. Helena möchte in den Semesterferien Geld für eine Reise verdienen und spricht gut Englisch. [ ]
5. Chris hat gerade eine Ausbildung zum Grafiker gemacht und spricht Französisch. [ ] ___/5

a www.grafikinternational.de

Modernes Grafikbüro sucht kreative junge Leute für ein Projekt in Kanada. Sie sind motiviert und möchten ein paar Monate im Ausland arbeiten? Dann schicken Sie Ihre Bewerbung an: bewerbungen@grafikinternational.de

d www.seniorenplus.de

Sie haben Ihren Schulabschluss und wissen noch nicht, was Sie jetzt machen sollen? Wir bieten Ihnen einen spannenden Ausbildungplatz als Altenpfleger/in. Beginn am 1.8. und 1.9. möglich. Bewerbungen bitte an Beate Mohr: mohr@seniorenplus.de

b www.spracheundmehr.de

Du hast gerade die Schule abgeschlossen und arbeitest gern mit Kindern? Dann bist du bei uns richtig. In Spanien, Italien, Frankreich und Portugal haben wir noch freie Au-pair-Plätze. Am Vormittag kannst du einen Sprachkurs besuchen und am Nachmittag kümmerst du dich um die Kinder. Bewirb dich hier.

e www.nebenjobs.de

Unser 15-jähriger Sohn geht im August ein Jahr in die USA und muss vorher eine Englischprüfung machen. Wir suchen für die Monate Juni, Juli und August eine/n Englischlehrer/in für Privatunterricht. Gute Bezahlung! (0171-547654)

c www.cafefrisch.at

Wir suchen ab sofort eine Aushilfe für zwei bis drei Stunden am Tag, drei Tage in der Woche für unser neues Café am Markt. Deine Aufgaben: Essen und Getränke servieren. Wir nehmen gern auch Studierende. Bewerbungen an: frisch@cafefrisch.at

f www.grafikwelt.de

Unser Grafikbüro braucht dringend Verstärkung. Sie haben Büroerfahrung, sind freundlich und motiviert, dann sind Sie in unserem Team genau richtig. Arbeitszeiten Montag bis Freitag 9:00-12:30 Uhr. Senden Sie Ihre Unterlagen an: büro@grafikwelt.de

Leben in der Stadt

5

7 Sie haben von Ihrer neuen Arbeitskollegin, Frau Beer, eine Einladung zum Abendessen bekommen. Schreiben Sie Frau Beer eine E-Mail.

- Bedanken Sie sich und sagen Sie, dass Sie kommen.
- Sie möchten jemanden mitbringen. Fragen Sie.
- Fragen Sie nach dem Weg.

Schreiben Sie 30–40 Wörter.
Schreiben Sie zu allen drei Punkten.

___ / 5

8 Formulieren Sie eine höfliche Bitte an Ihren Partner / Ihre Partnerin. Ihr Partner / Ihre Partnerin antwortet und formuliert dann die nächste höfliche Bitte.

Sie müssen ein Formular ausfüllen und haben keinen Kugelschreiber.

Könnten Sie mir bitte einen Kugelschreiber geben?

Gern. Hier ist er.

Person A

1. Sie haben Durst.
2. Ihr Handy ist kaputt und Sie müssen telefonieren.
3. Sie haben eine Kommode gekauft und brauchen Hilfe beim Tragen.
4. Das Salz steht bei B, sie brauchen es.
5. Das Fenster ist offen und Ihnen ist kalt.

Person B

1. Das Radio ist zu laut und Sie können sich nicht konzentrieren.
2. Sie feiern Geburtstag und alle sollen etwas zum Essen mitbringen.
3. Sie haben Kopfschmerzen und brauchen eine Tablette.
4. Sie haben Ihre Geldbörse vergessen und brauchen ein Ticket für die U-Bahn.
5. Ihr Auto ist kaputt. A hat den gleichen Weg wie Sie.

___ / 5

___ / 40

6 Arbeitswelten

Arbeitswelten

1 Sie hören fünf Ansagen am Telefon. Zu jedem Text gibt es eine Aufgabe. Ergänzen Sie die Telefonnotizen. Sie hören jeden Text zweimal.

0.
Friseurin
kann heute nicht, neuer Termin:
Donnerstag um 16 Uhr

1.
Krankenhaus
arbeiten: Samstagmorgen
+ _____

2.
Berlin – München
Abfahrt: 11:49 Uhr
Preis ohne Bahncard: _____ €

3.
Ruben
Treffen um 20:00 Uhr
Wo? _____

4.
Restaurant
Geschäftsessen
neuer Preis: _____ €

5.
Maler
Frage: Farbe?
Rufnummer: _____

___/5

2 Welcher Beruf ist das? Ordnen Sie zu.

Herzchirurgin | Trainerin | Musiker | ~~Fernfahrer~~ | Übersetzerin | Schaffner

0. Ich komme mit meinem Lastwagen in viele Länder. _Fernfahrer_
1. Ich mache die Leute im Fitness-Studio fit. _____
2. Ich spiele in einem Orchester. _____
3. Ich arbeite im Operationssaal. _____
4. Ich helfe, wenn die Leute ein deutsches Dokument auf Englisch brauchen. _____
5. Ich kontrolliere die Fahrkarten im Zug. _____

___/5

3 Fahrkarten kaufen. Was sagt der Kunde? Ordnen Sie zu.

A Nein, leider nicht. Was kosten die Fahrkarten? | B Ah, das ist gut. Wann kommen wir dann in Köln an? | C Okay, ich zahle mit Karte. Eine Frage noch: Gibt es im Zug warmes Essen? | ~~D Entschuldigung, wann fährt der nächste Zug nach Köln?~~ | E Muss ich umsteigen? | F Ja, bitte. Bitte zwei Plätze nebeneinander.

0. ○ _D_ • Äh, Moment. Es gibt einen ICE um 15:57 von Gleis 1.
1. ○ ____ • Nein, der Zug fährt direkt nach Köln.
2. ○ ____ • Um 19:05 Uhr. Möchten Sie gleich die Tickets kaufen und Sitzplätze reservieren?
3. ○ ____ • Ja, das geht. Das ist dann Wagen 27, Platz 61 und 62. Haben Sie eine BahnCard?
4. ○ ____ • Das macht dann 114 Euro in der zweiten Klasse für beide Tickets mit Reservierung.
5. ○ ____ • Ja, natürlich.

___/5

Arbeitswelten 6

4 Grüße aus Leipzig. Ergänzen Sie die Adjektivendungen.

Liebe Grüße aus Leipzig – hier ist es super! Ich bin gut angekommen und finde die Stadt fantastisch! Leipzig hat einen sehr (0) [X] schönen [ ] schöner Bahnhof. Alt, aber alles neu gemacht mit ganz (1) [ ] moderne [ ] modernen Läden – toll! Gestern Abend war ich in Auerbachs Keller. Das ist eine (2) [ ] bekannten [ ] bekannte Kneipe. Sogar Goethe hat hier schon sein (3) [ ] leckeres [ ] leckeren Essen gegessen! Danach waren wir noch in einem (4) [ ] neuen [ ] neuer Club. Ich bin hier wirklich in einer (5) [ ] tolle [ ] tollen Stadt. Ihr müsst unbedingt auch mal hierherkommen!

Bis bald
Oskar

___/ 5

5 Ein Berufsleben. Ergänzen Sie die richtigen Formen von _werden_. Achten Sie auch auf die Zeitform.

Als Kind habe ich immer gesagt: „Ich (0) _werde_ später mal Sängerin!" Meine Mutter hat dann gemeint: „Ach, ich bin sicher, du (1) _____ etwas ganz anderes!" Ich bin Archtektin (2) _____. Ich hatte fünf Jahre einen guten Job, aber dann (3) _____ ich plötzlich arbeitslos. Jetzt habe ich neue Pläne: Meine Freundin und ich, wir (4) _____ uns selbstständig machen. Meine Mutter meint: „Ihr (5) _____ das schon schaffen!" Hoffentlich stimmt das auch dieses Mal …

___/ 5

6 Lesen Sie und notieren Sie die Informationen.

0. Name: _Tilo Noack_
1. Ausbildung: _____
2. erster Beruf: _____
3. Grund für den neuen Beruf: _____
4. Was gefällt ihm am neuen Beruf? _____
5. Wenn es nicht klappt: _____

___/ 5

Tilo Noack hat nach dem Abitur Soziale Arbeit und Lehramt studiert und dann zehn Jahre als Lehrer in einer Hauptschule Jugendliche unterrichtet. Aber das war sehr anstrengend und er wollte etwas anderes machen. Er hatte einen Plan: Tilo hat schon immer gern geschrieben und Filme gemacht und viele Jugendliche haben ihm natürlich ihre Lebensgeschichten erzählt – genug Ideen für ein spannendes Videoprojekt über die Jugend. Gleich der erste Film war sehr erfolgreich! So ist Tilo Noack Videojournalist geworden. Er mag seine neue Arbeit, weil er selbst entscheiden kann: „Wann arbeite ich und wann mache ich eine Pause?" Und wenn er mal keine Ideen mehr hat? „Dann mache ich eben den Haushalt. Wir haben drei kleine Kinder und zum Glück verdient meine Frau gut!"

6 Arbeitswelten

7 Schreiben Sie eine E-Mail an Luisa.

Situation: Sie bekommen von Ihrer Freundin folgende E-Mail:

> Betreff: Mein Hobby als Beruf
>
> Liebe/Lieber …,
> wie geht es dir? Stell dir vor, ich habe meinen Job gewechselt und arbeite jetzt als Musiklehrerin in einer Schule. Die Kinder sind so süß. Und jeden Samstagabend singe ich mit meiner Band im Theater-Café hier in Stuttgart. Ich bin jetzt viel glücklicher und zufriedener als früher. Wolltest du nicht auch deinen Beruf wechseln? Was machst du aktuell? Wie geht es deiner Familie? Wir müssen uns unbedingt bald treffen, dann erzähle ich dir alles. Wann hast du Zeit?
> Bis bald und liebe Grüße
> Luisa

Schreiben Sie eine E-Mail an Luisa. Beachten Sie folgende Punkte:
- Schreiben Sie **circa 50 Wörter**.
- Beantworten Sie alle Fragen.
- Schreiben Sie einen Gruß am Ende.

> Liebe Luisa,
> danke für deine E-Mail. Ich habe mich sehr darüber gefreut. Zu deinen Fragen:

- Wie geht es dir?
- Wolltest du nicht auch deinen Beruf wechseln? Was machst du aktuell?
- Wie geht es deiner Familie?
- Wann hast du Zeit?

___/5

8 Situation: Sie und Ihre Gesprächspartnerin / Ihr Gesprächspartner wollen bald zusammen nach Wiesbaden fahren. Sie haben sich dazu Fragen notiert. Besprechen Sie die Fragen mit Ihrer Gesprächspartnerin / Ihrem Gesprächspartner.

Unterkunft?
Hotel?
Apartment?
Jugendherberge?

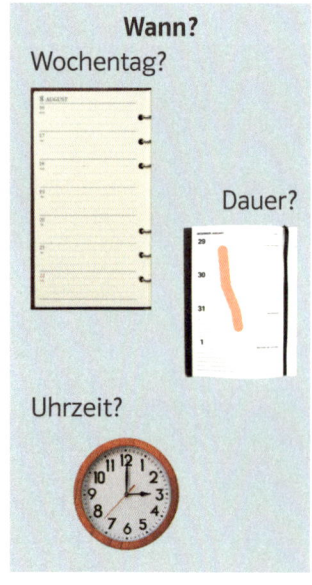

Wann?
Wochentag?
Dauer?
Uhrzeit?

Wie fahren?
Zug?
Bus?
Auto?

Was unternehmen?
Schwimmbad?
Theater/Konzert?
noch etwas?

Bereiten Sie sich auf das Gespräch vor, Sie haben 10 Minuten Zeit.

___/5

___/40

Ganz schön mobil

1 Sie hören fünf Informationen aus dem Radio. Zu jedem Text gibt es eine Aufgabe. Kreuzen Sie an: a, b oder c. Sie hören jeden Text einmal.

0. Wer läuft auf der Autobahn?
   - [a] ein Autofahrer
   - [X] ein Tier
   - [c] ein Polizist

1. Auf welcher Autobahn gibt es keinen Stau?
   - [a] auf der A2
   - [b] auf der A40
   - [c] auf der A52

2. Wie heißt das Thema vom Nachmittagsgespräch?
   - [a] E-Scooter im Vergleich
   - [b] umweltfreundliche Fahrzeuge
   - [c] Verkehr in der Großstadt

3. Wo startet die Buslinie 143 ab heute?
   - [a] am Hauptbahnhof
   - [b] am Marientor
   - [c] am Heumarkt

4. Was kann man gewinnen?
   - [a] eine Reise nach London
   - [b] eine Reise nach Paris
   - [c] eine Reise nach Rom

5. Was sollen die Besucher vom Sommerfest machen?
   - [a] ins Parkhaus fahren
   - [b] am Nollendamm parken
   - [c] mit Bus und Bahn fahren   ___/5

2 Hören Sie und notieren Sie: Welche Meinung haben die Leute zum Thema „Zentrum ohne Autos"? Notieren Sie (+) für positiv oder (–) für negativ.

0. +   1. ___   2. ___   3. ___   4. ___   5. ___   ___/5

3 Was passt? Kreuzen Sie an.

0. Den Flug haben wir schon vor drei Monaten [X] gebucht [ ] abgeflogen.
1. Frau Mior [ ] steht [ ] hält jeden Morgen im Stau.
2. Herr Jost [ ] nimmt [ ] kommt das Fahrrad zur Arbeit.
3. Gregor muss an der Ampel [ ] halten [ ] weiterfahren. Sie ist gerade rot.
4. Sophie hat den Zug nach Berlin [ ] erreicht [ ] verpasst, weil ihre S-Bahn Verspätung hatte.
5. Man kann den Kundenservice von der Bahn telefonisch [ ] erreichen [ ] registrieren.   ___/5

4 Ergänzen Sie die indirekten Fragesätze.

ob | wann | wie lange | wie viel | ~~wo~~ | wohin

0. ○ Entschuldigung, können Sie mir sagen, **wo** ich EastAirways finde?
   ● Das sind die Schalter acht bis zwölf, dort drüben.

1. ○ Wissen Sie, _____ der Flug NA915 nach Singapur geht?
   ● Der Flug startet um 15:10 Uhr.

2. ○ Ich möchte gern wissen, _____ die Fahrt von München nach Dresden dauert.
   ● Einen Moment, ich sehe mal nach. Der nächste Zug braucht 4 Stunden und 42 Minuten.

3. ○ Hast du schon recherchiert, _____ eine Monatskarte hier in Hamburg kostet?
   ● Nein, ich hatte noch keine Zeit.

4. ○ Wisst ihr schon, _____ ihr ein Doppelzimmer oder zwei Einzelzimmer nehmt?
   ● Nein, noch nicht.

5. ○ Habt ihr euch entschieden, _____ ihr diesen Sommer in Urlaub fahrt?
   ● Ja, wir wollen auf eine Insel.   ___/5

fünfundzwanzig 25

7 Ganz schön mobil

5 Lesen Sie die Wegbeschreibung und ergänzen Sie die Präpositionen.

○ Entschuldigung, ich suche das Café Prinz.

● Das Café Prinz? Das ist ganz einfach. Also, Sie gehen hier (0) _an_ der Kreuzung nach rechts. Da sehen Sie den Park. Gehen Sie (1) _____ den Park und weiter (2) _____ _____ Supermarkt. Gehen Sie nach rechts und an der nächsten Kreuzung links, (3) _____ der Kirche _____ und dann wieder rechts. Gehen Sie (4) _____ _____ Schule und dann rechts. (5) _____ _____ der Schule ist das Café Prinz.

○ Super, vielen Dank!

___/5

6 Lesen Sie die Anzeigen a–h und die Aufgaben 1–5. Welche Anzeige passt zu welcher Situation? Für eine Aufgabe gibt es keine Lösung. Schreiben Sie hier den Buchstaben X.

Situation	0.	1.	2.	3.	4.	5.
Anzeige	a					

___/5

0. Sie möchten von Hamburg nach München fahren. Sie haben kein eigenes Auto.

1. Sie haben ein Fahrrad, aber Sie benutzen es nie. Sie möchten es verkaufen.

2. Sie sind einen Tag in der Stadt und möchten die wichtigsten Sehenswürdigkeiten ansehen.

3. Sie bekommen am Wochenende Besuch und möchten eine Radtour machen. Sie brauchen für einen Tag noch zwei normale Räder.

4. Sie möchten bald einen Ausflug mit einem Motorrad machen, aber sie wollen auch auf die Umwelt achten.

5. Sie haben frei, fahren aber nicht in den Urlaub. Sie möchten Ihre Stadt besser kennenlernen und gehen gern zu Fuß.

a
www.zusammenfahren.de
Mitfahrer/innen gesucht! Wir fahren am Samstagmorgen von Kiel über Hamburg, Hannover und Frankfurt nach München. Wir haben noch einen Platz im Auto frei. Nur 26 €! Möchtest du mitfahren?

b
www.e-doktor.de
Wir reparieren:
• E-Autos
• E-Bikes
• E-Motorräder
• E-Roller
• E-Scooter

26 sechsundzwanzig

7 Ganz schön mobil

c www.umweltfreundlicherfahren.de
Unsere elektrischen Fahrzeuge finden Sie überall in der Stadt (E-Bikes und E-Autos). Zu einem festen Tarif von nur 0,33 € pro Minute fahren Sie mit unseren E-Autos umweltfreundlich durch die Stadt. E-Bikes kosten nur 1 € pro 30 Minuten und maximal 9 € für 24 Stunden. Laden Sie unsere App gleich runter.

d www.unterwegs.de
Unterwegs an der frischen Luft: Für einen tollen Tag im Freien vermieten wir E-Bikes und Fahrräder. Eine Stunde kostet 6 €, zwei Stunden 10 €, drei Stunden 14 € und ein ganzer Tag nur 20 €.
Mehr Informationen hier.

e www.dieanderetour.de
Dreimal pro Woche zeigen wir Ihnen im Juli und im August ein anderes Viertel in unserer schönen Stadt. Ganz umweltfreundlich und gemütlich mit dem Fahrrad oder zu Fuß.

f www.2raeder.de
Zwei Räder sind besser als vier.
– E-Bikes
– Reparaturen
– Fahrräder kaufen und verkaufen
– Zubehör für Ihre Zweiräder

g www.unserestadt.de
Wir bieten besondere Stadtbesichtigungen: Mit dem Fahrrad oder dem E-Bike zeigen Ihnen bekannte Schauspielerinnen und Schauspieler alle wichtigen Sehenswürdigkeiten an einem Tag.

h www.fahrmitmir.de
Fahr-mit-mir-App
Sie fahren nicht gern allein in Ihrem Auto und unterhalten sich auf der Fahrt gern mit anderen. Registrieren Sie sich jetzt und finden Sie nette Mitfahrer/innen.

7 Schreiben Sie eine Geschichte zu dem Foto. Schreiben Sie zu jeder Frage ein bis zwei Sätze.

1. Wer sind die Personen?
2. Was ist vorher passiert?
3. Was ist das Problem?
4. Wie reagieren die Personen?
5. Wie geht es weiter?

___/ 5

8 Situation: Ihre Gesprächspartnerin / Ihr Gesprächspartner möchte Sie gerne kennenlernen. Sie erhalten ein Blatt mit sechs Fragen. Wählen Sie fünf Themen aus und sprechen Sie darüber (zu jedem Thema ein paar Sätze). Ihre Gesprächspartnerin / Ihr Gesprächspartner wird Ihnen zu diesen Themen auch Fragen stellen.

Sprachen? *Reisen?* *Beruf?* *… mache gern …* *Familie?* *Weg zur Arbeit/Universität?*

___/ 5

_____/ 40

8 Gelernt ist gelernt!

Gelernt ist gelernt!

1 Lesen Sie die Aufgabe gut durch. Sie haben 30 Sekunden Zeit.
Situation: Sie hören ein Interview, bei dem fünf Personen befragt werden. Hören Sie gut zu und kreuzen Sie in der Liste die richtigen Antworten an. Pro Person sind mehrere Antworten möglich. Sie hören die Texte ein Mal.

Was lernen Sie gerade?

	Musik	Malen	Sport	Sprache	Medien
1. Sprecher	☐	☐	☐	☐	☐
2. Sprecherin	☐	☐	☐	☐	☐
3. Sprecher	☐	☐	☐	☐	☐
4. Sprecherin	☐	☐	☐	☐	☐
5. Sprecher	☐	☐	☐	☐	☐

___/5

2 Lernprobleme lösen. Ergänzen Sie die Wörter in der richtigen Form.

verschieben | Ratschlag | Zeitplan | merken | ~~erfahren~~ | kapieren

○ Bald ist meine mündliche Prüfung. Ich habe gerade den Termin (0) __erfahren__: Sie ist am 17. Mai. Ich bin jetzt schon total nervös.

● Nervös? Das ist doch ganz normal!

○ Ach, ich weiß nicht … Ich arbeite ja tagsüber und abends muss ich jetzt lernen. Ich bin so gestresst. Ein paar Themen sind so schwer, die habe ich immer noch nicht (1) _____.

● Wo hast du denn Probleme? Ich kann dir gern helfen und dann übst du noch mal.

○ Danke, gute Idee! Aber ich habe einfach immer Angst vor Prüfungen. Hast du vielleicht ein paar (2) _____ für mich?

● Also, zuerst einmal: Du muss nicht alles perfekt machen.

○ Ja, das weiß ich ja, aber ich kann mich schlecht konzentrieren und dann kann ich mir den Stoff nicht (3) _____.

● Das kenne ich auch. Mach dir einen (4) _____, aber plane am Wochenende auch lange Pausen mit Sport oder Spaziergängen ein. Das ist wichtig!

○ Super, das probiere ich mal aus. Danke dir!

● Gern geschehen! Ach, und noch ein Tipp: Du solltest auch wirklich regelmäßig lernen und das nicht immer wieder bis zur letzten Minute (5) _____!

___/5

3 Eine Präsentation halten. In jedem Satz ist ein Fehler. Korrigieren Sie.

0. Ich möchte euch das Projekt „Lernhilfe in Lübeck" ~~sprechen~~. *vorstellen*

1. Ich bin das Thema gewählt, weil ich dort im Sommer gejobbt habe.
   _____

2. Zuerst spreche ich über die Computerschule, vorher über die Sommerkurse und den Einzelunterricht. _____

3. Zum einsten Punkt: Die Computerschule ist in Lübeck sehr bekannt.
   _____

4. Ich gebe ihr ein Beispiel: Ich hatte einen sehr netten Schüler. Er hat in vier Wochen viel gelernt. _____

5. Geben es noch Fragen? _____   ___/5

4 Schreiben Sie Tipps mit *sollte*.

mit anderen zusammen lernen | mit dem Prüfer reden | ~~klar und deutlich sprechen~~ | die anderen ansehen | lächeln und sich bewegen | regelmäßig Pausen machen

0. Er spricht leise. *Er sollte klar und deutlich sprechen.*

1. Sie lesen vom Zettel ab. *Sie* _____

2. Ich sitze bei der Präsentation. *Du* _____

3. Manche Themen findet sie sehr schwierig. *Sie* _____

4. Ich kann mich nicht lange konzentrieren. *Du* _____

5. Wir sind so nervös. *Ihr* _____   ___/5

5 Ergänzen Sie *Was für ein/e* in der richtiger Form.

0. ○ *Was für ein* Instrument spielst du? ● Ich spiele Gitarre.

1. ○ _____ Tricks gegen Prüfungsangst kennst du?
   ● Ich mache vor der Prüfung regelmäßig Yoga. Und positiv denken, das hilft auch.

2. ○ _____ Workshop machst du? ● Einen Computer-Workshop.

3. ○ Mit _____ Werkzeug kann man das Auto reparieren? ● Keine Ahnung.

4. ○ Für _____ Firma arbeitest du gern? ● Für keine. Ich arbeite freiberuflich.

5. ○ Mit _____ Kollegin arbeitest du zusammen? ● Mit einer sehr netten.   ___/5

6 Ihre Chefin, Frau Zondeck, hat Sie beide am Samstag zu einem Kommunikations-Workshop angemeldet. Schreiben Sie Frau Zondeck, eine E-Mail.

- Bedanken Sie sich und sagen Sie, dass Sie mitkommen.
- Fragen Sie, was Sie mitnehmen müssen.
- Fragen Sie nach dem genauen Ort und der Uhrzeit.

Schreiben Sie 30–40 Wörter. Schreiben Sie zu allen drei Punkten.   ___/5

8 Gelernt ist gelernt!

7 Sie lesen in einer Zeitung diesen Text. Wählen Sie für die Aufgaben 1 bis 5 die richtige Lösung a, b oder c.

Die Journalistin Alesha Brix

Ein Leben für den Journalismus

Schon als Kind wollte Alesha Brix Journalistin werden. In der Schule hat sie schon früh für die Schülerzeitung geschrieben. Dann, in der 9. Klasse, hat sie ein Praktikum bei der Schweriner Morgenzeitung gemacht und ab der 10. Klasse dort gejobbt. Nach dem Abitur ist sie nach Hamburg gegangen und hat dort Journalismus studiert. Danach hat sie sofort eine Stelle bei einer Zeitung in Köln bekommen.

Aber nach wenigen Jahren wollte sie nicht mehr für andere arbeiten. Sie wollte ihre eigene Chefin werden. Jetzt arbeitet sie seit drei Jahren als freie Journalistin. Sie schreibt Artikel zum Thema Kultur, nicht mehr wie früher über Politik oder Sport.

Für ihre Artikel macht sie oft Interviews. Weil sie freiberuflich arbeitet, hat sie keine festen Arbeitszeiten. Das gefällt ihr. Sie arbeitet nicht gern morgens. Sie freut sich auch, dass sie keinen Chef mehr hat und vieles selbst entscheiden kann. Leider ist die Bezahlung nicht sehr gut. Und wenn sie in den Urlaub fährt oder krank wird, dann verdient sie kein Geld.

Alesha Brix ist sehr erfolgreich: Vor einem Jahr hat sie bei einem Schreibwettbewerb einen Workshop zum Thema Online-Journalismus gewonnen. Aktuell macht sie einen Kurs für Radio-Journalismus und in Zukunft will sie an einer Journalistenschule junge Kolleginnen und Kollegen ausbilden.

0. Alesha Brix hat schon …
   - [x] a in der Schule mit Schreiben Geld verdient.
   - [ ] b in der 10. Klasse ein Praktikum bei der Zeitung gemacht.
   - [ ] c ab der 9. Klasse für die Schülerzeitung geschrieben.

1. In Hamburg hat Alesha Brix …
   - a ein Studium angefangen.
   - b Abitur gemacht.
   - c ihren ersten Job gefunden.

2. Alesha Brix …
   - a hat sehr lange für andere gearbeitet.
   - b ist seit drei Jahren selbstständig.
   - c ist Chefin einer Zeitung geworden.

3. In ihrem alten Job hat Alesha Brix …
   - a über Kultur geschrieben.
   - b über Politik und Sport geschrieben.
   - c viele Interviews gemacht.

4. Sie arbeitet gern freiberuflich, …
   - a weil sie flexible Arbeitszeiten hat.
   - b weil sie gut bezahlt wird.
   - c weil sie auch im Urlaub Geld bekommt.

5. Sie lernt im Moment etwas über …
   - a Online-Journalismus.
   - b die Ausbildung an der Journalistenschule.
   - c Radio-Journalismus.

___/ 5

8 Beschreiben Sie Ihrem Partner / Ihrer Partnerin Ihr Problem und bitten Sie um drei Ratschläge. Er / Sie formuliert drei Ratschläge mit *sollte*. Dann tauschen Sie.

Also, mein Problem ist, dass…

Problem A

Problem B

___/ 5

___/ 40

Sportlich, sportlich

1 Sie hören fünf kurze Gespräche. Sie hören jeden Text einmal. Wählen Sie für die Aufgaben 1 bis 5 die richtige Lösung a, b oder c.

1. Was hat die Frau im Urlaub gemacht?

 a  b  c

2. Was macht der Mann regelmäßig zur Entspannung?

 a  b  c

3. Was leiht der Mann?

 a  b  c

4. Was braucht der Mann noch für seine Reise?

 a 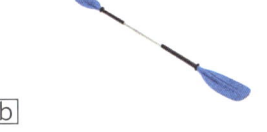 b  c

5. Was machen die beiden Frauen am Samstag?

 a  b  c

____ / 5

2 Was passt zusammen? Ordnen Sie zu.

-brille | -gurt | -schläger | ~~-surfen~~ | -stock | -brett

0. das Kite _surfen_
1. der Kletter_____
2. der Ski_____
3. das Surf_____
4. die Taucher_____
5. der Tennis_____

____ / 5

3 Ergänzen Sie Sätze mit Dativ und Akkusativ. Ergänzen Sie die bestimmten Artikel oder die Endungen.

0. Der Lehrer erklärt _den_ Schülern _die_ Übung.
1. Die Nachbarin schenkt _____ Kind ein_____ Eis.
2. Verena leiht ihr_____ Freund _____ Helm.
3. Valentin schickt sein_____ Kollegin ein_____ E-Mail.
4. Der Trainer bringt _____ Spieler ein_____ Handtuch.
5. Der Verkäufer zeigt _____ Kundinnen _____ Yogamatten.

____ / 5

9 Sportlich, sportlich

4 Schreiben Sie die Sätze mit Pronomen im Dativ und Akkusativ.

0. Kira empfiehlt ihrer Freundin einen Film. *Kira empfiehlt ihn ihr.*
1. Lea gibt ihrem Freund den Schläger zurück. _____
2. Er bietet der Kollegin seine Hilfe an. _____
3. Dave leiht seinem Freund sein Auto. _____
4. Der Trainer zeigt seinen Spielern die Übung. _____
5. Maria schickt ihren Eltern einen Brief. _____ ___/5

5 Setzen Sie die Sätze fort. Verwenden Sie *deshalb* oder *trotzdem*.

0. Anton hat Kopfschmerzen, *deshalb kann er nicht joggen.*
   er / nicht / joggen / können /.
1. Karina macht keinen Sport, _____
   sie / sehr sportlich / sein /.
2. Isabellas Mannschaft hat verloren, _____
   sie / sehr traurig / sein /.
3. Tarek hat seinen Helm vergessen, _____
   er / nicht / zum Klettern / gehen / dürfen /.
4. Oliver hat keine Sportschuhe, _____
   er / Fußball / spielen /.
5. Alex möchte sich beim Sport entspannen, _____ ___/5
   er / Yoga / machen /.

6 Sie lesen die Informationstafel in einem Kaufhaus. Lesen Sie die Aufgaben 1 bis 5 und den Text.
GZ/SD In welchen Stock gehen Sie? Wählen Sie die richtige Lösung a, b oder c.

Sporthaus Schaller

4. Stock	Wintersport: Skier, Snowboards, Skistöcke, Skianzüge, Skistiefel / Wandersport, Wanderkarten / Alles für Ihr Rad / Klettersport: Helme, Gurte und Kletterzubehör / Restaurant
3. Stock	Bademoden / Strand- und Sporthandtücher / Tanzsport / Fitness / Yoga: Matten und Kleidung / Ballsport, Bälle, Schläger
2. Stock	Fitnessgeräte / Sportuhren / Smartwatches / Sportcomputer / Spielzimmer & Bällebad für Kinder
1. Stock	Schuhmoden für Freizeit, Sport und Spiel / Sporttaschen / Kundentoiletten / Schuhwerkstatt / Notarzt und Erste Hilfe
EG	Information / Fanartikel / Reiseführer / Landkarten / Sonnenbrillen / Reisebüro / Fundbüro / Ausgang zu Taxi und Bus, U- und S-Bahn
UG	Camping & Zubehör / Wassersport: Taucheranzüge, Surfbretter, Paddel und Schwimmzubehör / Getränkeautomat / Kundenservice / Kundentoiletten

9 Sportlich, sportlich

0. Sie möchten eine Tasse von Ihrem Lieblings-Fußballverein kaufen.
   - [x] Erdgeschoss
   - [b] 3. Stock
   - [c] anderer Stock

1. Sie brauchen eine Taucherbrille.
   - [a] 3. Stock
   - [b] Untergeschoss
   - [c] anderer Stock

2. Sie möchten einen Volleyball kaufen.
   - [a] 2. Stock
   - [b] 4. Stock
   - [c] anderer Stock

3. Sie möchten eine Wanderreise in den Alpen reservieren.
   - [a] Erdgeschoss
   - [b] 4. Stock
   - [c] anderer Stock

4. Sie brauchen einen neuen Bikini.
   - [a] Untergeschoss
   - [b] 3. Stock
   - [c] anderer Stock

5. Sie möchten einen frischen Saft trinken.
   - [a] Untergeschoss
   - [b] 4. Stock
   - [c] anderer Stock

___ / 5

7 Schreiben Sie eine Antwort-Mail an Chiara.

Situation: Sie bekommen von Ihrer Freundin Chiara folgende E-Mail:

> Betreff: Urlaub an der Nordsee
>
> Liebe/Lieber …,
> wie geht's dir? Stell dir vor, ich fahre nächste Woche an die Nordsee. Dort mache ich einen Surfkurs. Ich freue mich schon. Hast du schon einmal einen Surfkurs gemacht? Welchen Sport machst du gern im Urlaub? Was gibt es bei dir Neues? Wir haben uns so lange nicht mehr gesehen. Nach meiner Reise müssen wir uns unbedingt treffen. Wann hast du Zeit?
> Bis bald und liebe Grüße
> Chiara

Schreiben Sie eine E-Mail an Chiara. Beachten Sie folgende Punkte:
- Schreiben Sie **circa 50 Wörter**.
- Beantworten Sie alle Fragen.
- Schreiben Sie einen Gruß am Ende.

> Liebe Chiara,
> danke für deine E-Mail. Ich habe mich sehr darüber gefreut. Zu deinen Fragen:

- Wie geht's dir?
- Welchen Sport machst du gern im Urlaub?
- Was gibt es bei dir Neues?
- Wann hast du Zeit?

___ / 5

8 Sie wollen zusammen in die Kletterhalle gehen. Die Kletterhalle ist von 8:00 Uhr bis 21:00 Uhr geöffnet. Finden Sie einen Termin.

Prüfungsteilnehmer/in A

8:00	Versicherung anrufen
9:00	Kaffee mit Jorge
10:00	im Café Sommer
11:00	
12:00	
13:00	13:30 Geschenk für Yasmin
14:00	14:30 Bücher in die
15:00	Bibliothek bringen.
16:00	
17:00	16:45 Auto aus der
18:00	Werkstatt holen
19:00	
20:00	
21:00	mit Milan skypen

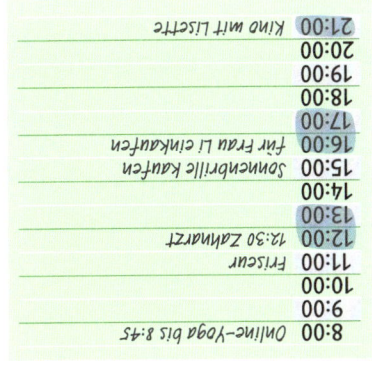

Prüfungsteilnehmer/in B

8:00	Online-Yoga bis 8:45
9:00	
10:00	
11:00	Friseur
12:00	12:30 Zahnarzt
13:00	
14:00	
15:00	Sonnenbrille kaufen
16:00	für Frau Li einkaufen
17:00	
18:00	
19:00	
20:00	
21:00	Kino mit Lisette

___ / 5

___ / 40

10 Zusammen leben

Zusammen leben

1 Hören Sie die Gespräche im Treppenhaus mit dem Hausmeister, Herr Lehmann. Kreuzen Sie an: Sind die Sätze richtig oder falsch?

(13)

	Richtig	Falsch
0. Frau Michalsky darf ihr Fahrrad im Flur parken.	☒	☐
1. Herr Apila soll abends die Haustür abschließen.	☐	☐
2. Frau Lyra kann am Samstag ein Grillfest machen.	☐	☐
3. Herr Lehmann soll für Frau Abebe den Briefkasten leeren.	☐	☐
4. Melanie muss sich morgen nicht um Leo kümmern.	☐	☐
5. Die Katze bleibt zu Hause bei Herrn Munk.	☐	☐

___ / 5

2 Hören Sie die Bitten. Welche Reaktion passt? Kreuzen Sie an.

(14)

0. [a] Ja klar, das mache ich gern.   [☒] Es tut mir leid, das geht heute leider nicht.
1. [a] Entschuldigung.   [b] Kein Problem.
2. [a] Aber natürlich, einen Moment.   [b] Schon okay!
3. [a] Das kommt nicht mehr vor.   [b] Nächste Woche? Da bin ich leider im Urlaub.
4. [a] Natürlich, das mache ich gern.   [b] Ja, gern, was gibt's?
5. [a] Ja, das geht gut!   [b] Ja, klar, ich komme gleich.

___ / 5

3 Die lieben Nachbarn. Ergänzen Sie die Sätze. Drei Wörter passen nicht.

neben | nass | am Stadtrand | ~~einfach~~ | mitten | außerhalb von | schmutzig | einsam | modisch

0. Das Leben auf dem Hausboot ist _einfach_. Es gibt keinen Luxus.
1. In der Wohnung _____ uns ist eine nette Familie eingezogen.
2. Wir wohnen jetzt _____ der Stadt, weil es hier ruhiger ist.
3. Viele Menschen wohnen _____, denn da sind die Mieten nicht so teuer.
4. Die Küche ist ziemlich _____. Wir müssen heute unbedingt putzen.
5. Familie Borsa hat sich einen alten Bauernhof _____ in der Natur gekauft.

___ / 5

Zusammen leben — 10

4 In der Küche. Wohin kommen die Sachen? Wo stehen die Sachen? Ergänzen Sie.

0. Ich lege das Kochbuch *auf die* Zeitungen.
1. Der Teppich liegt _____ Tisch.
2. Die Tasche lege ich _____ Boden.
3. Öl und Essig stehen _____ Tisch.
4. Das Mehl stelle ich _____ Regal.
5. Die Jacke hängt _____ Wand.

___/5

5 Nebensätze mit *als* und *wenn*.

a Ergänzen Sie *als* oder *wenn*.

0. *Als* ich 15 Jahre alt war, habe ich ein Praktikum bei einer Zeitung gemacht.
1. Immer _____ ich meinen großen Bruder besucht habe, hat er mich auf Studentenpartys mitgenommen.
2. _____ ich dann endlich selbst Student war, waren diese Partys langweilig.
3. Ich habe oft mit Freunden gefeiert, _____ wir eine Prüfung bestanden haben.

b Schreiben Sie die Sätze.

0. (als / ich / sein / das erste Mal in Wien)
   Als ich das erste Mal in Wien war,
   habe ich die Leute schlecht verstanden. Das fand ich anstrengend.

4. (als / ich / kommen / ein Jahr später / wieder nach Österreich)
   _____,
   habe ich vorher einen Sprachkurs gemacht und konnten mit den Leuten sprechen. Das war toll.

5. (wenn / ich / reisen / heute / in ein fremdes Land)
   _____,
   lerne ich vorher immer ein bisschen die Sprache mit einer App. Das macht Spaß.

___/5

10 Zusammen leben

6 Sechs Personen suchen im Internet nach Angeboten. Lesen Sie die Aufgaben 1 bis 5 und die Anzeigen a bis f ? Welche Anzeige passt zu welcher Person? Für eine Aufgabe gibt es keine Lösung. Markieren Sie so X . Die Anzeige aus dem Beispiel können Sie nicht mehr wählen.

0. Jara fährt in den Urlaub und sucht in dieser Zeit einen Platz für ihre Katze. **a**

1. Frau Timur hat sich ein Bein gebrochen und braucht Hilfe beim Einkaufen. ☐

2. Herr Lost arbeitet viel und kann nicht mit dem Hund spazieren gehen. ☐

3. Niki zieht in eine andere WG und braucht Hilfe beim Möbeltransport. Sie hat wenig Geld. ☐

4. Frau Badu möchte einmal in der Woche frische, ökologische Milchprodukte, Obst und Gemüse nach Hause bekommen. ☐

5. Herr Mos zieht nach Paris. Er sucht eine Transportfirma für seine Möbel und Sachen. ☐   ___/5

---

a www.tier-zuhause.de

„Max und Fiffi" unter einem Dach

Wir kümmern uns liebevoll um Ihr Tier, wenn Sie auf Reisen sind! Bei uns hat Ihr Tier viel Platz zum Spielen und ist nie allein! Bestes Futter, viel Liebe, gute Preise!

Tel.: 0351 67 90 45

---

d www.helfende-haende.at

Helfende Hände

Von Studierenden für Studierende in unserer Stadt. Wir reparieren, renovieren, helfen beim Umzug und machen noch vieles mehr zu kleinen Preisen. Schreibt uns: helfendehaende@fmail.com

---

b www.alles-da.ch

Das ist unser Job! Ihre Wohnung ist immer sauber und ordentlich, Ihr Kühlschrank immer voll! Wir sind immer für Sie da! Schreiben Sie uns, wir machen Ihnen sehr gern ein günstiges Angebot: service@saubermann.de

---

e www.hundefreund.at

Sie haben Probleme mit Ihrem neuen Hund? Sie möchten nicht mit ihm allein spazieren gehen?
Sie haben manchmal Angst vor ihm?

Wir zeigen Ihnen, wie Sie diese Probleme lösen können.
Tel: 0176-87 65 43 32

---

c www.gruene-kiste.de

Direkt von unserem Bio-Bauernhof: Tomaten, Gurken, Salat, Kartoffeln, Zwiebeln, Milch, Käse … alles in einer Kiste. Es gibt kleine und große Kisten. Wir liefern täglich! Sie wählen was, wie viel, wann und wie oft.
www.diegruenekiste.de

---

f www.wir-packen-es-an.de

Wir bieten einen bequemen internationalen Pack- und Umzugsservice. Vergessen Sie den Stress, wir kümmern uns um alles. Verpackungsmaterial und Kisten bringen wir mit. Kleine und große Umzüge sind bei uns in den besten Händen.
Anfragen an: www.packen@service.de

Zusammen leben 10

7 Ihre Freundin Clara ist umgezogen. Sie macht eine Einweihungsparty und hat Sie eingeladen. Antworten Sie mit einer E-Mail.

Hier finden Sie vier Punkte. Wählen Sie **drei** aus. Schreiben Sie zu jedem dieser drei Punkte ein bis zwei Sätze. Vergessen Sie nicht den passenden Anfang und den Gruß am Schluss. Schreiben Sie circa 40 Wörter.

Glückwünsch	Weg zu Clara
Gäste	etwas mitbringen

___ / 5

8 Nehmen Sie zwei Karten mit Fragen und eine dritte Karte mit einem Fragezeichen. Fragen Sie Ihren Partner / Ihre Partnerin. Ihr Partner / Ihre Partnerin antwortet und stellt dann die nächste Frage.

Thema: Wohnen

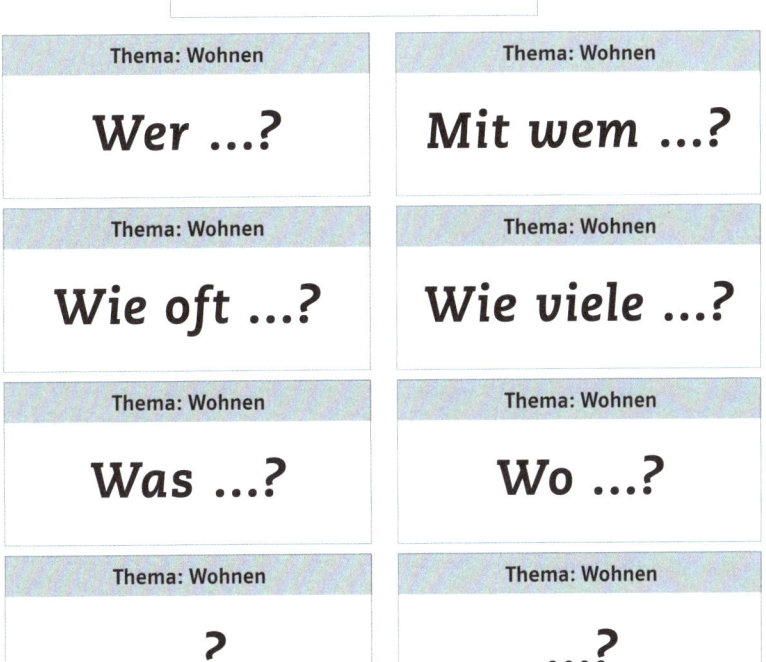

___ / 5

___ / 40

11 Wie die Zeit vergeht!

Wie die Zeit vergeht!

1 Sie hören ein Interview. Sie hören den Text zweimal. Wählen Sie für die Aufgaben 1 bis 5 Ja oder Nein. Lesen Sie jetzt die Aufgaben.

0. Frau Kellermann hat als Kind nur mit Jungen gespielt. [X Ja] [Nein]
1. Mit elf Jahren ist sie in die Stadt gezogen. [Ja] [Nein]
2. Nach der Schule hat sie Sprachen studiert. [Ja] [Nein]
3. Als Studentin musste sie regelmäßig zu Hause helfen. [Ja] [Nein]
4. Sie ist für ihren Beruf viel unterwegs. [Ja] [Nein]
5. Frau Kellermann wohnt wieder auf dem Land. [Ja] [Nein]   ___/5

2 Welche Sätze passen zusammen? Verbinden Sie.

0. Sarinas Oma hat morgen Geburtstag. _C_
1. Gina hat sich beim Kochen an der Hand verletzt. ____
2. Marlene hat wenig Geld. ____
3. Lisa will ihre Wohnung einrichten. ____
4. Dunjas Handy klingelt oft. ____
5. Amalia und Leon unterhalten sich sehr gut. ____

A Die Zeit vergeht schnell.
B Ihre Mutter ruft ständig an.
C Sie backt einen Kuchen für sie.
D Sie muss zum Arzt gehen.
E Sie kauft schöne Möbel.
F Sie verreist nicht oft.   ___/5

3 Schreiben Sie Ratschläge im Konjunktiv II. Beginnen Sie mit den markierten Wörtern.

0. ○ Ich vergesse so oft Termine.
   ● *An deiner Stelle würde ich die Termine im Kalender notieren.*
   <u>an deiner Stelle</u> / ich / werden / notieren / die Termine / im Kalender / .

1. ○ Mein Handy klingelt ständig. Das macht mich ganz nervös.
   ● _____
   <u>du</u> / können / das Telefon / ausschalten / .

2. ○ Der Chef gibt mir immer zu viel Arbeit.
   ● _____
   <u>ich</u> / werden / mit ihm / sprechen / .

3. ○ Ich schlafe oft so schlecht.
   ● _____
   <u>Sie</u> / sollen / abends nicht mehr / arbeiten / .

4. ○ Mein Freund ist sauer, weil ich so wenig Zeit für ihn habe.
   ● _____
   <u>ihr</u> / können / mehr zusammen / unternehmen / .

5. ○ Ich bin morgens immer so müde.
   ● _____
   <u>an deiner Stelle</u> / ich / werden / früher ins Bett / gehen / .   ___/5

11 Wie die Zeit vergeht!

4 Welche Präposition passt? Unterstreichen Sie.

0. Anouk freut sich schon sehr   um / auf / mit   den Ausflug mit ihren Freunden.

1. Carina kümmert sich wie immer   für / um / an   die Zugtickets.

2. Kevin kann leider nicht mitfahren, weil er sich   auf / über / um   eine Prüfung vorbereiten muss.

3. Er ärgert sich sehr   an / von / über   den Stress an der Uni.

4. Er hat   für / mit / auf   seinem Professor gesprochen, weil er die Prüfung später machen will.

5. Wenn er die Prüfung jetzt nicht macht, muss er ein Jahr   für / auf / um   einen neuen Termin warten.

___ / 5

5 W-Fragen mit Präposition. Ergänzen Sie.

0. ○ Ich freue mich schon auf die Ferien.
   ● _Worauf_ freust du dich?

1. ○ Ich habe mit Saskia am Samstag lange über die Uni diskutiert.
   ● _____ habt ihr diskutiert?

2. ○ Wir wollten auch mit dir sprechen, aber du warst nicht da.
   ● _____ wolltet ihr sprechen?

3. ● Ja, ich musste mich auf mein Abitur vorbereiten und hatte leider keine Zeit.
   ○ _____ musstest du dich vorbereiten?

4. ○ Schade, dass du nicht gekommen bist. Wir haben zwei Stunden lang auf dich gewartet.
   ● _____ habt ihr gewartet?

5. ● Tut mir leid. Aber ich musste mich auch noch mit dem Abi-Team um unsere Abifeier kümmern.
   ○ _____ musstest du dich kümmern?

___ / 5

6 Sie sind noch unterwegs auf einer Fahrradtour und schreiben eine SMS an Ihren Freund Piotr.

- Entschuldigen Sie sich, dass Sie zu spät kommen.
- Schreiben Sie, warum.
- Nennen Sie einen neuen Ort und eine neue Uhrzeit für das Treffen.

Schreiben Sie 20–30 Wörter. Schreiben Sie zu allen drei Punkten.

___ / 5

11 Wie die Zeit vergeht!

7 Sie lesen eine E-Mail. Wählen Sie für die Aufgaben 1 bis 5 die richtige Lösung a, b oder c.

Lieber Joshua,

entschuldige, dass ich mich bis jetzt noch nicht gemeldet habe. Ich bin jetzt schon seit sieben Monaten hier in Frankfurt. Ich hatte wirklich Glück, ich habe schon nach ein paar Tagen eine neue, interessante Stelle in der Firma *Import Kaffee* gefunden. Die Firma importiert Kaffee aus Kolumbien. Ich arbeite mehr als früher, aber ich arbeite sehr gern hier. Es ist richtig cool, dass ich jetzt endlich auch meine Spanischkenntnisse nutzen kann.
Die ersten Monate in der neuen Firma waren echt stressig. Ich war ja noch in der Probezeit und wollte die Stelle unbedingt behalten. Ich wollte zeigen, dass ich meine Arbeit gut schaffe, und habe viele Überstunden gemacht. Deshalb hatte ich fast keine Freizeit und war am Wochenende viel allein unterwegs, weil ich noch keine Freunde hatte. Manchmal bin ich ins Museum gegangen oder habe eine Fahrradtour am Main gemacht. Ganz selten habe ich mich mit ein paar Kollegen getroffen.
Jetzt ist die Probezeit endlich vorbei und ich kann mich etwas entspannen. Es ist immer noch viel Arbeit, aber ich habe meine eigenen Projekte. Ich spreche viel Spanisch und nächste Woche fliege ich zum ersten Mal nach Kolumbien. Dort besuche ich unsere Kaffeebauern. Dieser Neuanfang ist wirklich aufregend und jetzt habe ich auch mehr Freizeit.
Möchtest du nicht mal nach Frankfurt kommen, wenn ich wieder aus Kolumbien zurück bin? Dann zeige ich dir die Stadt und wir machen vielleicht auch einen Ausflug nach Heidelberg. Hast du Lust?
Liebe Grüße
Ben

1. Ben schreibt, dass er …
   a sieben Monate lang eine Arbeit gesucht hat.
   b schon lang in Frankfurt lebt.
   c schnell eine Arbeit gefunden hat.

2. Die Arbeit macht Ben Spaß, …
   a denn er muss nicht so viel arbeiten.
   b aber er muss jetzt Spanisch lernen.
   c deshalb will er sehr gerne bleiben.

3. Am Wochenende …
   a hat Ben meistens allein etwas unternommen.
   b hat Ben oft Kollegen getroffen.
   c ist Ben manchmal mit einer Kollegin ins Museum gegangen.

4. Nächste Woche …
   a bekommt Ben Besuch von den Kaffeebauern aus Kolumbien.
   b hat Ben Freizeit in Kolumbien.
   c arbeitet Ben in Kolumbien.

5. Joshua soll …
   a Ben Heidelberg zeigen.
   b Ben in Frankfurt besuchen.
   c mit nach Kolumbien kommen.

___/5

8 Situation: Sie und Ihre Gesprächspartnerin / Ihr Gesprächspartner planen einen Ausflug. Sie haben sich dazu Fragen notiert. Besprechen Sie die Fragen mit Ihrer Gesprächspartnerin / Ihrem Gesprächspartner.

Wohin?
an einen See?
in eine Stadt?
in die Berge?

Wann?
Wochentag?
Monat?
Uhrzeit?

Wer kommt mit?
Freunde?
Familie?
Kollegen?

Was mitnehmen?
Verpflegung?
Kamera?
noch etwas?

Bereiten Sie sich auf das Gespräch vor, Sie haben 10 Minuten Zeit.

___/5

___/40

Gute Unterhaltung!

1 Lesen Sie die Aufgabe gut durch. Sie haben 30 Sekunden Zeit.
Situation: Sie hören zwei verschiedene Texte mit dem gleichen Inhalt. Hören Sie gut zu und markieren Sie die Antworten. Es gibt vier richtige Antworten. Sie hören die Texte ein Mal.

☐ Wind ☐ Regen ☐ 15 Grad ☐ Gewitter
☐ 12 Grad ☐ Schnee ☐ Wolken ☐ Sonne   ___/4

2 Bildbeschreibung. Was passt zusammen? Verbinden Sie.

0. Auf dem Bild sieht man _A_   A das Meer und einen Strand. Die Farben sind bunt und hell.
1. Im Vordergrund ist _____   B zwei Boote.
2. Vorne links sind _____   C eine kleine Insel im Meer.
3. Rechts in der Mitte sind _____ D der Strand mit sieben Bäumen.
4. In der Mitte sieht man _____   E das Meer und zwei weitere Boote.
5. Im Hintergrund ist rechts _____ F Sonnenschirme und Menschen gehen in der Sonne spazieren.   ___/5

3 Finden Sie die fünf Fehler. Streichen Sie die falschen Wörter durch und schreiben Sie die richtigen in die Spalte rechts.

Ausblick | Führungen | Kunstwerke | ~~Sammler~~ | Schnäppchen | Tickets

Der Maler, Fotograf, Kunstbuch- und Romanautor, Filmemacher und ~~Bestseller~~ Lothar Günther Buchheim hat sein *Museum der Phantasie* im Jahr 2001 gegründet. Das Museum Buchheim liegt wunderschön direkt am Starnberger See. Das Gebäude ist modern und hell. Zum Museum gehört ein großer Park, in dem man auch viele besondere Meldungen sehen kann, wie zum Beispiel verrückte Figuren und Fahrzeuge. Das *Museum der Phantasie* bietet sehr interessante Gesellschaften mit erfahrenen Kunstexperten an. Nach dem Museumsbesuch kann man noch im Museumsshop das eine oder andere Blatt finden und im schönen Museumscafé auf der Terrasse einen Kaffee trinken und den tollen Einsatz auf den Starnberger See genießen. Werte kann man online kaufen.

0. _Sammler_

1. _____
2. _____
3. _____
4. _____
5. _____   ___/5

12 Gute Unterhaltung!

4 Wählen Sie passende Relativpronomen im Nominativ oder Akkusativ und formulieren Sie die Relativsätze.

Liebesbrief

Du bist die Frau, (0) _die mir gefällt._ (mir / gefallen)

Du bist wie die Sonne, (1) _____. (immer / scheinen)

Du bist wie der Motor, (2) _____. (ich / zum Leben / brauchen)

Du bist wie ein Baum, (3) _____. (grün und stark / im Garten / stehen)

Du bist wie ein Buch, (4) _____. (ich / immer wieder / lesen wollen)

Du bist der Mensch, (5) _____. (ich / wirklich / lieben)   ___/5

5 Unterstreichen Sie das passende Indefinitpronomen.

0. Kann mir bitte <u>jemand</u> / man helfen?
1. Auf der Party habe ich   man / niemanden   gekannt.
2. Haben wir   nichts / alles   oder fehlt noch etwas?
3. Wo ist mein Ticket? Hat es   niemand / jemand   genommen?
4. Möchtest du   etwas / alles   trinken?
5. Es gibt keine Lösung. Da kann man   etwas / nichts   machen.   ___/5

6 Lesen Sie den Text und die Aufgaben 1 bis 5. Sind die Aufgaben richtig (+) oder falsch (−)? Kreuzen Sie an.

	richtig (+)	falsch (−)
0. Die Mitglieder von Silbermond sind seit der Schule Freunde.	+	✗
1. Die Band heißt schon immer Silbermond.	+	−
2. Silbermond hat am Anfang auf Englisch gesungen.	+	−
3. Die Konzerte kann man auch alle im Fernsehen sehen.	+	−
4. Das erste Album war das erfolgreichste.	+	−
5. Thomas und Stefanie haben ein gemeinsames Kind.	+	−

___/5

Silbermond – Erfolgreich wie eh und je

Silbermond – das sind die vier Musiker Stefanie Kloß, Johannes Stolle, Thomas Stolle und Andreas Nowak. Sie kommen aus Bautzen in Sachsen. 1998 lernen sie sich bei einem Musikprojekt kennen und gründen die Band Exakt. Zwei Mal ändert die Band ihren Namen: Aus Exakt wird JAST und später dann Silbermond. 2001 entscheiden sie: Schluss mit Liedern auf Englisch. Das ändert vieles. Sie singen auf Deutsch und merken: Das ist viel besser.

Nach ihren ersten großen Konzerten zieht die Band nach Berlin. Das Fernsehen dreht einen Film über ihren Umzug. 2004 kommt ihr erstes Album „Verschwende deine Zeit". Danach machen sie noch viele weitere Alben. Das erfolgreichste Album ist „Laut Gedacht". Sie spielen Konzerte in ganz Europa, z. B. in Clubs in Amsterdam, Paris und London. Auch privat läuft es sehr gut: Thomas und Stefanie sind schon lange ein Paar. 2018 sind sie Eltern eines Sohnes geworden.

7 Ihr letzter Konzertbesuch. Schreiben Sie einen kurzen Text und beantworten Sie die Fragen. Schreiben Sie zu jedem Punkt ein bis zwei Sätze.

1. Wie heißt der Musiker / die Musikerin / die Band?
2. Wo haben Sie das Konzert gesehen?
3. Mit wem haben Sie das Konzert gesehen?
4. Was hat Ihnen gefallen?
5. Was hat Ihnen nicht (so gut) gefallen?
6. Welches Konzert besuchen Sie als Nächstes?

____ / 6

8 Nehmen Sie zwei Karten mit Fragen und eine dritte Karte mit einem Fragezeichen. Fragen Sie Ihren Partner / Ihre Partnerin. Ihr Partner / Ihre Partnerin antwortet und stellt dann die nächste Frage.

Thema: Musik/Film

Thema: Musik/Film
Wer ...?

Wer ist dein Lieblingsschauspieler oder deine Lieblingsschauspielerin?

Alexandra Maria Lara finde ich toll.

Thema: Musik/Film
Wie oft ...?

Thema: Musik/Film
Welche ...?

Thema: Musik/Film
Wie lange ...?

Thema: Musik/Film
Mit wem ...?

Thema: Musik/Film
Wo ...?

Thema: Musik/Film
Was ...?

Thema: Musik/Film
...?

Thema: Musik/Film
...?

____ / 5

____ / 40

… Transkripte

1 Und was machst du?

🔊 1

0 Hallo Sara, ich bin's, Dalia. Es tut mir wirklich leid, aber ich kann heute Abend nicht kommen. Ich war dieses Wochenende bei meiner Schwester. Sie war erkältet und jetzt liege ich auch mit Fieber und Kopfschmerzen im Bett. Euch aber ganz viel Spaß!

1 Hallo, Grigor hier. Ich komme am Samstag gern zu deiner Party, danke für die Einladung. Alida kann leider nicht, weil sie am Sonntag sehr früh zur Arbeit muss. Aber ich freue mich schon. Kann ich etwas mitbringen? Tschüs, bis Samstag.

2 Hi Louis, hier spricht Tarik. Ich habe erst einen Zug später bekommen, weil ich lange im Büro war. Ich komme um 10 Uhr am Bahnhof an und nicht um 9. Es tut mir leid. Holst du mich ab?

3 Hallo Frau Berneck, hier Osborne. Ich wollte Ihnen nur schnell Bescheid sagen: Ich habe schon alles für den Geburtstag von der Chefin morgen gekauft. Vergessen Sie bitte die Blumen nicht. Treffen wir uns dann morgen gleich um neun in meinem Büro und bereiten alles vor?

4 Hi Frederic, ich bin's Ricarda. Ich mache heute schon um 16 Uhr Feierabend. Ich muss dann aber noch einkaufen gehen. Ich komme also etwas später. Beim Kochen kann ich dir leider nicht helfen, aber ich bringe ein Dessert mit, ok? Bis später.

5 Schmidek vom Restaurant Sommerterrassen. Das ist eine Nachricht für Felix Hoch. Ihre Party am Freitagabend kann leider nicht im Restaurant stattfinden. Aber wir haben im Garten für Sie reserviert. Ist das für Sie okay? Rufen Sie mich bitte zurück.

2 Nach der Schulzeit

🔊 2

○ Rehns.
● Hallo Joshua. Na, wie geht's dir? Bist du wieder gesund?
○ Hallo, Rieke. Ja, danke, es geht mir prima. Ich bin nach dem Urlaub wieder richtig fit. Aber morgen muss ich wieder in die Apotheke und Medikamente verkaufen. Erzähl mal, wie war denn das Abiturtreffen? Ich war so traurig, dass ich nicht kommen konnte.
● Es war super. Wir haben den ganzen Abend erzählt und erzählt. Es waren viele Leute da. Auch Beatrice.
○ Und? Was macht sie jetzt? Wohnt sie noch in Köln?
● Nein, sie wohnt schon lange in Hamburg und studiert dort Zahnmedizin und jobbt jetzt schon zweimal in der Woche in einer Zahnarztpraxis.
○ Aha. Und Meret? War die auch da?
● Na klar. Sie hat ja eine Ausbildung zur Krankenschwester gemacht, arbeitet aber jetzt in der Bäckerei von ihren Eltern. Du, aber eine echte Überraschung war Pietro. Der war doch immer so leise und hatte vor den Lehrern Angst. Pietro ist jetzt Journalist und arbeitet für eine Zeitung in Düsseldorf.
○ Was? Pietro? Das ist ja interessant. Er wollte doch früher Architekt werden. Und Marco?
● Marco war auch da und so lustig wie immer. Nach dem Abitur war er zwei Jahre in Südamerika und Asien, dann hat er in einer Werbeagentur gejobbt und jetzt studiert er Englisch und Spanisch in München. Er gibt zweimal in der Woche Englischunterricht in einer kleinen Sprachschule.
○ Wirklich? Marco als Lehrer?
● Ja, witzig, oder? Weißt du, wer auch da war? Emily, die Supersportlerin. Ich habe immer gedacht, Emily macht bei den Olympischen Spielen mit.
○ Und?
● Emily hat zwei kleine Kinder, ist Hausfrau und jobbt am Wochenende auf Messen.
○ Nicht zu glauben. Das überrascht mich wirklich.

3 Immer online?

🔊 3

○ Oh Mensch, bei uns zu Hause gibt es im Moment so viele Probleme mit Tablet, PC und so. Saskia, ihr seid doch auch so viele. Wie macht ihr das denn?
● Ja, das ist anstrengend. Lucy sitzt schon morgens mit dem Smartphone am Frühstückstisch.
○ Schrecklich, das macht meine Tochter auch. Und was ist mit Dana und Marek.
● Die beiden haben noch kein Smartphone. Dana guckt an meinem Tablet Kinderfilme, aber höchstens eine Stunde am Tag und Marek benutzt unseren Laptop. Er wünscht sich eine Spielkonsole, aber das möchten wir noch nicht.
○ Bei den Kleinen seid ihr ja ziemlich streng. Gibt es da keine Probleme?
● Nein. Sie habe so viele andere Spielsachen und Opa Eric spielt nach der Schule mit ihnen.
○ Und hat Eric einen eigenen Computer?
● Nein, das interessiert ihn nicht. Am liebsten liest er Zeitung, aber das kann er nicht mehr. Seine Augen sind so schlecht. Jetzt hört er immer Radio.
○ Und du und Philipp?
● Ach Philipp, er möchte gerne eine VR-Brille. Aber die sind viel zu teuer. Ich habe ihm eine Smartwatch zum Geburtstag geschenkt. Die findet er super, besonders

beim Joggen. Und ich habe seit Weihnachten ein E-Book. Das interessiert die Kinder sowieso nicht.
○ Vielleicht muss ich auch strenger sein, damit es keine Probleme mehr bei uns gibt.

4 Große und kleine Gefühle

🔊 4

0 Hallo Sabine, hier Gregor. Mensch, herzlichen Glückwunsch zu deiner neuen Arbeit! Echt toll, dass es geklappt hat. Das feiern wir doch, oder? Ich muss Donnerstag- und Freitagabend leider arbeiten, aber hast du am Samstag Zeit? Also, sag mir Bescheid. Ciao.

1 Hallo Yvonna, hier ist Felipe. Ich glaube, wir haben jetzt alles für Alinas Party, oder? Ich habe gerade das Buch gekauft und nach dem Essen gehe ich noch in den Blumenladen. Denk an deinen Käsekuchen! Hast du ihn schon gebacken? Ich hole dich um 6 ab. Bis später.

2 Hier sind wir wieder bei unserem Sonntagmorgen-Musik-Gewinnspiel. Wenn Sie in der nächsten Stunde das Lied von Namika hören, rufen Sie uns an. Die ersten zehn Anruferinnen und Anrufer können tolle Preise gewinnen: Tickets für das Namika-Konzert am Samstag sowie T-Shirts und CDs. Machen Sie mit.

3 Hallo Roberta, Anke hier. Jetzt erreiche ich dich wieder nicht. Ich bin so traurig, dass ich nicht zu eurer Hochzeit kommen kann. So ein Mist mit dem Unfall. Zum Glück geht es mir jetzt etwas besser, aber mein Fuß tut immer noch weh und ich kann auch noch nicht arbeiten. Ich wünsche euch ein tolles Fest und danach einen schönen Urlaub.

4 Und nun zum Wetter: Morgen, ist es in ganz Deutschland sonnig und kalt. Im Norden weht ein stürmischer Wind, die Temperaturen liegen bei 5 Grad. Im Süden weht ein leichter Wind. Am Samstag kommt dann der Sturm auch in den Süden und in ganz Deutschland regnet es bei Temperaturen um 3 Grad. Am Sonntagmorgen fallen die Temperaturen auf unter 0 Grad und es schneit den ganzen Tag.

5 Guten Tag Frau Peters. Alba Perez hier. Die Präsentation heute findet nicht im großen Saal statt. Da ist ein Fehler in der Einladung. Ich habe im Hotel Zur Linde einen Raum reserviert. Sie wissen ja, das Hotel neben dem Rathaus. Bitte kommen Sie um 16.00 Uhr direkt dorthin. Danke! Auf Wiederhören.

🔊 5

0 Tut mir leid, ich bin schon wieder zu spät.
1 Ich kann leider doch nicht zu deiner Geburtstagsparty kommen.
2 Überraschung! Guck mal, wen ich mitgebracht habe. Kennst du sie noch?
3 Mensch, pass doch auf! Aua!
4 Oh nein, das war mein Lieblingsglas. Jetzt ist es kaputt.
5 Toll, dass wir die Tickets noch bekommen haben.

5 Leben in der Stadt

🔊 6

Guten Tag Herr Ashraf, hier spricht Bärbel Probst von der Firma Meller. Sie haben sich ja auf unsere Stellenanzeige vom 12.9. beworben. Wir möchten Sie nun gern für nächste Woche Montag, den 23.9. um 10:30 Uhr zu einem Vorstellungsgespräch in unserer Firma einladen. Das Gespräch findet hier in Osnabrück statt, in unserer Zentrale in der Fischerstaße 97. Wenn Sie vom Hauptbahnhof kommen, können Sie den Bus 57 oder die Straßenbahn nehmen. Wenn Sie nicht kommen können, schreiben Sie mir bitte eine E-Mail an: probst@meller.de, ich buchstabiere: p-r-o-b-s-t-@-m-e-l-l-e-r-Punkt – d-e oder rufen Sie mich morgen zwischen 9 und 15 Uhr an. Meine Nummer ist 0316-720436. Bitte bringen Sie Ihren Personalausweis mit. Sie müssen den Ausweis an der Rezeption zeigen. Auf Wiederhören.

🔊 7

0 ○ Guten Tag! Ich möchte bitte einen Diebstahl melden.
  ● Warten Sie bitte hier. Meine Kollegin kommt gleich.
1 ○ Können Sie mir helfen? Ich muss noch die Formulare für die Einbürgerung ausfüllen.
  ● Ja, natürlich. Ich mache das mit Ihnen und dann können Sie sie auch direkt bei mir abgeben.
2 ○ Wie kann ich Ihnen helfen?
  ● Ich möchte gerne diesen Brief nach Spanien schicken. Was kostet das?
  ○ Der Brief wiegt 450g, das kostet 3,70 €
3 ○ Hallo! Ich habe ein Problem, meine Geldbörse ist weg. Könnten Sie bitte meine Karte sperren?
  ● Ja, natürlich. Wie ist denn Ihr Name?
4 ○ Guten Morgen! Ich möchte bitte ein Konto eröffnen.
  ● Sehr gern. Ihren Ausweis, bitte.
5 ○ Sie müssen hier bitte noch unterschreiben.
  ● Könnten Sie mir einen Stift geben?
  ○ Ja, natürlich, bitte schön.
  ● Danke.
  ○ So, hier ist Ihr neuer Pass.

Transkripte

6 Arbeitswelten

🔊 8

0 Hallo, hier ist Agata Blix von „Kopfkultur". Leider muss ich Ihren Termin am Mittwoch um 16:30 Uhr absagen. Können Sie auch am Donnerstag um 16 Uhr? Da habe ich noch Zeit. Wenn ich nichts mehr von Ihnen höre, sehen wir uns am Donnerstag, okay? Auf Wiederhören.

1 Guten Tag, hier ist Liliana Wójcik vom Krankenhaus. Herr Seeger, es ist wunderbar, dass Sie am Samstagmorgen arbeiten können. Jetzt ist aber leider noch eine Kollegin krank geworden. Den Sonntagabend übernimmt Frau García, aber können Sie vielleicht auch noch am Sonntagmorgen kommen? Bitte rufen Sie schnell zurück, danke!

2 Hier ist Matteo Russo. Also, ich habe für Ihre Dienstreise nach München eine gute Zugverbindung gefunden. Der Zug fährt um 11:49 Uhr ab. Das Ticket kostet 120 €. Aber haben Sie nicht eine BahnCard50? Dann kostet es nur 60 €. Bitte geben Sie mir Bescheid, dann buche ich gleich Ihr Ticket.

3 Hi! Schade, dass du nicht da bist. Ruben hier. Du, leider muss ich heute länger auf der Baustelle arbeiten und wir können vor dem Film doch nicht mehr ins Restaurant gehen. Wir treffen uns dann um acht direkt am Kino, in Ordnung?

4 Guten Tag, Mila Persson am Apparat, vom Restaurant Frisch. Danke für die Information, dass noch sechs weitere Gäste kommen werden. Dann kommen Sie mit 32 Personen, richtig? Der Preis für Ihr Event ist dann 1120 € und nicht 910 €, in Ordnung?

5 Hallo, Ariel Bloom hier. Ich habe da noch eine Frage: Wir haben gestern gar nicht über die Farbe in der Küche gesprochen. Wollen Sie sie in Weiß haben, wie im Wohn- und im Schlafzimmer? Sie können auch gern eine Farbe auswählen. Rufen Sie mich bitte an unter der Nummer 878 05 39.

7 Ganz schön mobil

🔊 9

0 Und jetzt noch zum Verkehr: Achtung, Autofahrer, auf der A7 Richtung Füssen, zwischen Kassel und Fulda läuft ein Hund auf der Autobahn. Die Polizei ist schon da. Bitte fahren Sie vorsichtig.

1 Hier Radio City mit dem Verkehr. Stau gibt es auf folgenden Autobahnen: A2 Richtung Hannover zwischen Dortmund-Nordost und Kamener Kreuz fünf Kilometer Stau nach einem Unfall. A40 Richtung Venlo zwischen Mülheim-Styrum und Kreuz Duisburg auch fünf Kilometer Stau – der Grund ist eine Baustelle. Und als Letztes: auf der A52 Richtung Düsseldorf ist wieder freie Fahrt.

2 NDR 2, es ist 13:55 Uhr. Heute geht es in unserer Sendung um das Thema „Umweltfreundlicher Verkehr". Dazu gibt es um 14:00 Uhr das Nachmittagsgespräch „Verkehr in der Großstadt". Von 16:00 bis 17:00 Uhr stellen wir Ihnen die neuesten E-Scooter im Vergleich vor und um 18:00 Uhr fragen wir Sie: Was sind Ihre Erfahrungen mit umweltfreundlichen Fahrzeugen? Rufen Sie uns gern dazu an. Und das alles natürlich wie immer mit der aktuellsten Musik!

3 Wir kommen zum Verkehr: Die Buslinie 143 fährt von heute bis zum 20. Februar nicht ab Hauptbahnhof. Sie beginnt am Marientor. Bitte nutzen Sie ab Hauptbahnhof die Straßenbahn M9 bis Marientor oder fahren Sie mit der U-Bahn bis Heumarkt und steigen dort um.

4 Hier sind wir wieder mit unserem Gewinnspiel. Die Preisfrage ist heute: Wo möchten die Deutschen gern einmal ein Jahr lang leben? A in London, B in Paris oder C in Rom. Der erste Anrufer mit der richtigen Antwort gewinnt eine Reise nach London. Rufen Sie uns an, die Nummer ist: 040-6978453 und mit ein bisschen Glück sind Sie schon bald in der Stadt an der Themse.

5 Und hier noch eine Info für die Besucher vom Sommerfest am Rhodeplatz. Es gibt keine Parkplätze mehr im Stadtzentrum. Alle Parkhäuser sind bereits voll. Ab Nollendamm dürfen Sie nicht mit dem Auto oder mit dem Motorrad fahren und man kann dort auch nicht parken. Bitte reisen Sie mit Bus und Bahn an.

🔊 10

Heute wollen wir von unseren Hörerinnen und Hörern wissen, was sie über das Projekt „Zentrum ohne Autos" denken. Finden Sie es gut, wenn Autos nicht mehr ins Stadtzentrum fahren dürfen? Sollen nur noch Fußgänger und Fahrradfahrer in der Innenstadt gehen und fahren? Was meinen Sie?

0 Im Zentrum will ich in Ruhe einkaufen und einen Kaffee trinken und nicht immer auf den Verkehr achten. Ich bin für ein Zentrum ohne Autos.

1 Ich bin der Meinung, dass im Zentrum für alle Platz ist: Autofahrer, Fahrradfahrer und Fußgänger. Also, ich bin dagegen.

2 Endlich macht die Stadt etwas. Ich denke, das ist richtig. Autos stinken und sind laut. Zur Arbeit kann man ja auch mit Bus oder Bahn fahren.

3 Dann parken alle Pendler am Stadtrand und die Parkplätze und Busse sind immer voll. Ich glaube, das funktioniert nicht.

4 Ich fahre einmal pro Woche zum Einkaufen mit dem Auto ins Zentrum. Ich kann nicht alles mit dem Bus transportieren. Nein, ich finde, das ist keine gute Idee.
5 Keine Autos in der Innenstadt? Ich fahre immer mit dem Fahrrad und finde es gut, wenn es Orte ohne Autos gibt. Für mich ist das super.

8 Gelernt ist gelernt!

🔊 11

○ Entschuldigen Sie, können Sie mir sagen, was Sie gerade lernen?
● Also, ich fahre im Urlaub am liebsten in ganz ferne Länder. China finde ich im Moment sehr spannend, da möchte ich bald mal hin. Deshalb lerne ich auch jetzt schon zweimal die Woche Chinesisch. Das Sprechen ist gar nicht so schwer, nur das Lesen und Schreiben … Aber es macht Spaß! Ja, und außerdem möchte ich unterwegs malen. Weil ich das aber noch nicht so gut kann, mache ich da auch gerade einen Kurs. Das ist mal was anderes als das ständige Sitzen am Computer in der Arbeit!
□ Ich bin Grafikerin. Heute macht man ja alles am Computer, da wird nichts mehr von Hand gemalt. Also mache ich immer wieder mal einen Kurs, um die neuesten Programme kennenzulernen. Die bezahlt aber zum Glück meine Firma und ich kann sie in der Arbeitszeit machen. Privat habe ich früher sehr gern gesungen, aber jetzt brauche ich mehr Bewegung. Meine Freundin hat mich zum Zumba mitgenommen und das tut mir wirklich gut!
■ Später möchte ich mit Kindern arbeiten. Ich finde es faszinierend, dass sie so kreativ sind. Leider sitzen viele von ihnen zu oft und zu lange am Computer. Ich möchte ihnen aber zeigen, wie sie selbst tolle Sachen machen und richtig was erleben können. Also tue ich jetzt erst mal was für meine eigene Kreativität: Ich lerne Gitarre, weil man dann gut mit den Kindern zusammen Musik machen kann. Musik ist ganz wichtig.
Außerdem möchte ich noch besser malen lernen, das zeigt mir mein Opa, der war Kunstlehrer.
Und ich lerne Türkisch. Wir haben hier viele Kinder mit türkischen Eltern und ich möchte ihre Muttersprache verstehen.
△ Früher habe ich ganz viel Musik gemacht. Damit möchte ich jetzt wieder anfangen. Meine kleine Enkeltochter lernt gerade Klavierspielen. Das habe ich als Kind auch gelernt. Ich möchte mit ihr zusammenspielen und habe jetzt wieder Stunden mit einem Privatlehrer.
Und mein großer Enkel hat mir mit meinem neuen Smartphone geholfen. Das war am Anfang wirklich kompliziert und da muss ich auch noch viel lernen. Ich kann aber schon Apps herunterladen.
Meine Tochter ist jetzt immer im Fitness-Studio und hat gesagt: „Mama, komm doch mit!", aber das ist nichts für mich. Ich glaube, dafür bin ich dann doch zu alt.
▲ Oh, ich möchte noch so viel lernen. Ich weiß gar nicht, wo ich anfangen soll! Am wichtigsten ist mir im Moment, dass ich Spanisch lerne. Da bin ich zweimal pro Woche in einem Kurs. Mein Freund kommt nämlich aus Argentinien. Er studiert hier an der Kunsthochschule und malt wirklich toll. Leider kann ich das überhaupt nicht.
Und ich bin auch nicht musikalisch. Schon in der Schule hatte ich mit Musik immer Probleme. Also, im Moment lerne ich Spanisch und das reicht!

9 Sportlich, sportlich

🔊 12

1 ○ Was hast du denn im Sommer gemacht?
● Juan wollte mit mir Kajak fahren gehen. Aber dazu hatte ich keine Lust.
○ Warum denn nicht?
● Das habe ich schon oft gemacht. Ich möchte jedes Jahr etwas Neues lernen. Letztes Jahr habe ich tauchen gelernt. Und diesen Sommer habe ich einen Kitesurf-Kurs gemacht.
○ Das habe ich auch schon mal gemacht. Das macht richtig Spaß.
2 ○ Ich bin so gestresst und kann mich nicht entspannen.
● Hast du es mal mit Yoga versucht?
○ Yoga ist nichts für mich. Was machst du?
● Manchmal gehe ich in die Berge. Das tut gut.
○ Musst du da nicht weit fahren?
● Doch, leider. Deshalb ist für mich joggen am besten. Wenn ich vor der Arbeit laufe, bin ich viel entspannter.
○ Gute Idee!
3 ○ Und? Schon alles gepackt für die Fahrradtour?
● Ja, alles dabei. Kleidung, Regenjacke, Turnschuhe …
○ Hast du eine Trinkflasche?
● Oh nein, stimmt, meine ist kaputt. Da kauf ich mir heute noch eine! Aber oh, ich habe auch gar keinen Helm.
○ Kein Problem, den kann ich dir leihen.
4 ○ Kommst du heute mit mir shoppen?
● Shoppen? Du?

Transkripte

○ Ich fahre doch übermorgen zum Kajakfahren, Yoga machen und Wandern nach Österreich.
● Brauchst du noch ein Paddel?
○ Nein, das habe ich schon. Aber meine Wanderschuhe sind kaputt und ich brauche neue. Kannst du mir gute empfehlen?
● Klar, das mache ich doch gerne. Und zum Yogamachen hast du alles?
○ Ja, danke!

5 ○ Gehen wir am Samstag Tennis spielen?
● Schon wieder? Wollen wir nicht lieber etwas Neues ausprobieren? Reiten zum Beispiel. Hast du Lust?
○ Oh nein, Pferde mag ich gar nicht. Aber ich habe eine Idee: Am Wald hat eine neue Kletterschule aufgemacht.
● Klettern? Nein, danke, dann gehe ich doch lieber wieder Tennis spielen.
○ Ok, dann Tennis wie immer.

10 Zusammen leben

🔊 13

0 ○ Ah, Frau Michalsky, gut, dass ich Sie sehe.
● Tag, Herr Lehmann, was gibt's denn?
○ Also, das mit Ihrem Rad …
● Ja, ja, ich weiß schon, ich stelle es nicht mehr in den Flur.
○ Tja, und jetzt wollte ich Ihnen gerade sagen, dass Sie das in Zukunft ruhig machen können – Familie Götze ist auf's Land gezogen, die brauchen jetzt nicht mehr so viel Platz mit ihren zwei Kinderwagen.
● Oh, vielen Dank!

1 ○ Hallo Herr Apila!
▲ Tag, Herr Lehmann, wie geht's?
○ Danke, ganz gut. Äh, Herr Apila, ich hätte da nur eine Bitte.
▲ Ja gerne. Was denn?
○ Lassen Sie doch bitte die Haustür abends immer offen. Wissen Sie, Frau Dubois aus dem 2. Stock kann doch nicht mehr so gut laufen und ihre Tochter besucht sie abends oft. Sie kann dann nicht immer zur Haustür gehen und sie öffnen.
▲ Ja, natürlich, das verstehe ich.

2 △ Hallo Herr Lehmann!
○ Hallo Frau Lyra!
△ Herr Lehmann, ich habe eine große Bitte: Ich möchte am Samstag gerne mit ein paar Leuten meinen neuen Job feiern. Können wir da im Garten grillen?
○ Sie haben einen neuen Job? Herzlichen Glückwunsch!
△ Danke!

○ Am Samstag geht es aber leider nicht. Wissen Sie, Aitana aus dem 3. Stock hat Abitur gemacht und feiert schon am Samstag im Garten.
△ Mist, dann war sie mal wieder schneller!
○ Warum feiern Sie nicht am Freitag?
△ Hm, ich weiß nicht …

3 ♦ Guten Tag, Herr Lehmann!
○ Schönen guten Tag, Frau Abebe! Heute ist ja richtig was los! Wie kann ich Ihnen helfen?
♦ Ich habe nur eine Bitte: Ich fahre doch nächste Woche weg. Normalerweise kümmert sich ja immer meine Freundin um die Post, aber die ist jetzt auch im Urlaub. Können Sie bitte einfach alles in meine Wohnung legen? Den Schlüssel haben Sie ja.
○ Alles klar, Frau Abebe, das mache ich gern.
♦ Ach, Herr Lehmann, Sie sind ein Schatz!
○ Schon gut!

4 ◇ Hallo Herr Lehmann, nur kurz wegen morgen: Ihre Tochter wollte doch babysitten, aber sie muss Leo nicht vom Kindergarten abholen. Er ist zu einem Kindergeburtstag eingeladen und geht direkt zum Fest.
○ Tag, Frau Radu. Gut, ich sage Melanie Bescheid. Sie ist aber bestimmt traurig, dass sie Leo morgen nicht sieht! Sagen Sie Ihrem Sohn schöne Grüße von ihr.
◇ Mach ich. Nächste Woche kann sie ihn dann wieder abholen wie immer.
○ Okay, ich sage es ihr!

5 ■ Hallo Herr Lehmann!
○ Tag, Herr Munk!
■ Herr Lehmann, ich habe eine gute Nachricht für Sie: Sie müssen meine Katze doch nicht füttern, ich nehme sie dieses Mal mit. Wissen Sie, ich bin ja dann vier Wochen unterwegs, so lange will ich sie einfach nicht alleine in der Wohnung lassen.
○ Okay, aber das nächste Mal füttere ich sie gern wieder!
■ Das ist nett. Vielen Dank!

🔊 14

0 Hallo Marla! Könnte ich mir heute dein Fahrrad leihen? Meins ist schon wieder kaputt.
1 Frau Bernhard, könnten Sie morgen ein Päckchen für mich annehmen?
2 Frau Habib, ich wollte Sie fragen, ob Sie einen Liter Milch für mich haben?
3 Herr Miller, könnten Sie mir einen Gefallen tun? Könnten Sie nächste Woche meine Blumen gießen?
4 Ich hätte eine Bitte: Könnten Sie für mich zur Apotheke gehen? Ich bin krank und muss im Bett bleiben.
5 Liv, könntest du mir bitte kurz im Garten helfen?

11 Wie die Zeit vergeht!

🔊 15

○ Frau Kellermann, vom Mädchen vom Bauernhof zur Tourismusexpertin. Sie sind ein Vorbild für viele Mädchen aus unserer Region. Wie war Ihre Kindheit auf dem Land?
● Ich war immer draußen und habe mit den Jungen aus unserem Dorf gespielt. Eigentlich wollte ich auch ein Junge sein. Die Mädchen fand ich langweilig
○ War Ihre ganze Kindheit so schön?
● Nein, leider nicht. Mit elf bin ich ins Gymnasium gekommen und musste jeden Tag eine Stunde mit dem Bus in die Stadt fahren. Aber ich habe dort Fremdsprachen gelernt: Englisch und Französisch.
○ Hat es sich denn gelohnt?
● Ja! Nach dem Abitur bin ich für mein Tourismus-Studium nach Köln gezogen. Ich war die Einzige in unserer Familie mit einem Studium.
○ Wow! Das war bestimmt nicht immer leicht.
● Nein, als Studentin wäre ich gerne mit meinen Freundinnen gereist. Aber das konnte ich nicht – ich musste in den Ferien meinen Eltern helfen. Auf dem Land gibt es im Sommer sehr viel Arbeit.
○ Und was machen Sie jetzt?
● Jetzt habe ich ein erfolgreiches Reisebüro in der Stadt und mir macht meine Arbeit sehr viel Spaß. Im Urlaub bin ich immer unterwegs und schaue nach neuen, spannenden Reisezielen. Ich mache Städtereisen in Europa und fliege oft nach Asien. Vor ein paar Monaten bin ich wieder aufs Land gezogen. Da genieße ich die Ruhe, besonders wenn ich von meinen Reisen zurückkomme. So ein Leben habe ich mir immer gewünscht!
○ Das ist wirklich toll! Alles Gute für Sie und danke für das Gespräch.
● Gerne.

12 Gute Unterhaltung!

🔊 16

1 Und nun der Wetterbericht für das Wochenende. Es bleibt für die Jahreszeit ziemlich kühl, bei Temperaturen bis zu 15 Grad. Das sind keine guten Aussichten für die Festival-Besucher von Rock am Ring. Packen Sie Ihre Regenjacken ein, denn am Freitag regnet es den ganzen Tag. Gegen Abend wird es sehr windig. Machen Sie Ihre Zelte also gut fest. Am Samstag gibt es kaum Veränderungen. Es fällt leider auch den ganzen Tag ein leichter Regen, es wird aber ein bisschen wärmer. Am Sonntag scheint dann die Sonne und die Temperaturen steigen. Es erwarten uns bis zu 20 Grad.

2 Hier sind wir heute mit dem aktuellen Festival-Wetter für euch. Für Rock am Ring haben wir dieses Jahr mit dem Wetter kein Glück. Die ersten Besucher sind schon da und haben ihre Regenjacken an, denn an den ersten beiden Tagen regnet es von morgens bis abends bei Temperaturen von 15 Grad. Die Stimmung auf dem Festival ist trotzdem super und die Besucher freuen sich auf tolle Musik. Am Freitagabend weht ein starker Wind. Vergesst also auch nicht, einen warmen Pullover einzupacken. Am Sonntag kommt dann endlich die Sonne raus und die Temperaturen steigen auf 20 Grad. Da kann der Pulli im Zelt bleiben.

Lösungen

1 Und was machst du?

1
1. richtig; 2. richtig; 3. falsch; 4. falsch; 5. richtig

2
1. Ausbildung; 2. fließend; 3. reiten; 4. renovieren; 5. geheiratet

3
1. bin, gefahren; 2. hat, gemacht; 3. hat, erzählt; 4. ist, zurückgekommen; 5. ist, geflogen

4
1. … weil meine Kollegin krank ist. 2. … weil sie für eine Prüfung lernen muss. 3. … weil er gute Noten bekommen hat. 4. … weil wir nur am Wochenende Zeit haben. 5. … weil sie nach Spanien gefahren sind.

5
1A; 2B; 3B; 4C; 5B

6
Mustertext:
Ich habe in Heidelberg Medizin studiert und im Sommer ein Praktikum im Krankenhaus gemacht. Ich habe viel gelernt. Ich habe nur wenig Zeit mit meiner Familie verbracht, weil ich viel gearbeitet habe. Ich habe jede Woche ein Buch gelesen und einmal im Monat bin ich mit meiner Freundin ins Kino gegangen. Im letzten Jahr bin ich regelmäßig gejoggt und habe bei einem Marathon mitgemacht. Im Februar bin ich mit meiner Schwester einen Monat durch Asien gereist.

7
Muster-SMS:
Hi Dave, entschuldige bitte. Leider habe ich heute keine Zeit. Ich kann nicht mit dir zu Abend essen, weil meine Freundin krank ist. Hast du nächsten Donnerstagabend Zeit? Gregor

8
Bewertung: siehe S. 56–58

2 Nach der Schulzeit

1
1h; 2d; 3b; 4g; 5f

2
1. Gymnasium; 2. Noten; 3. Abitur; 4. Praktikum; 5. Ausbildung

3
1. unseren; 2. seiner; 3. deinem; 4. meinen; 5. Ihrem

4
1. Man macht die Mechanikerlehre in einer Werkstatt. 2. Kira wollte ein Praktikum in einer Bank machen. 3. Die Universität ist bekannt für die Bibliothek. 4. Am Montag um 9 Uhr muss er in der Universität sein. 5. Wir fahren immer mit dem Fahrrad in die Schule.

5
1. sollte; 2. wollten; 3. wollte; 4. musste; 5. wollte

6
1a; 2b; 3c; 4b; 5b

7
1. 13.11.2003; 2. Erlangen; 3. Abitur; 4. Nürnberg oder Erlangen; 5. Englisch und Deutsch

8
Bewertung: siehe S. 56–58

3 Immer online?

1
1a; 2e; 3h; 4i; 5f

2
1. gründen; 2. entwickeln; 3. hochladen; 4. bleiben; 5. haben

3
1A; 2D; 3E; 4F; 5C

4
1. teuersten; 2. mehr; 3. lieber; 4. ältesten; 5. besser

5
1. … der Film viel zu lang war. 2. … die Schspielerin Talent hat. 3. … die Filmmusik schön war. 4. … das Thema aktuell ist. 5. … die Geschichte sehr traurig ist.

6
1I; 2B; 3H; 4C; 5J

7
Musterlösung:
Ich sehe am liebsten Komödien. Das Leben ist schwer genug, da brauche ich im Kino nicht auch noch Stress. Filme sehe ich gerne zu Hause, aber am Wochenende gehe ich auch manchmal ins Kino. Ich sehe ungefähr zwei Filme pro Woche. Meine Lieblingsschauspielerinnen sind Hanna Herzsprung und Julia Jentsch. Joachim Krol finde ich auch gut. Mein Lieblingsfilm ist „Omamamia". Das ist ein toller und sehr lustiger Film über Oma, Mutter und Tochter. Er spielt in Rom und ich liebe diese Stadt!

8
Bewertung: siehe S. 56–58

4 Große und kleine Gefühle

1
1c; 2b; 3a; 4b; 5a

2
1b; 2a; 3b; 4a; 5a

3
1. unglücklich; 2. genervt; 3. nervös; 4. glücklich; 5. stolz

4
Musterlösung:
1. … ich zu viel arbeiten muss. 2. … ich dich nicht treffen kann. 3. … die Sonne scheint. 4. … ich nachts allein auf den Bus warte. 5. … du mich nicht anrufst.

5
1. sich, unterhalten; 2. sich, gelangweilt; 3. ärgere, mich; 4. entscheidet, euch; 5. uns, treffen

6
1. falsch; 2. falsch; 3. richtig; 4. falsch; 5. richtig

7
Musterbrief:
Lieber Mijail,
vielen Dank für deine Einladung und herzlichen Glückwunsch zu eurer Hochzeit! Ich komme sehr gern. Wünscht ihr euch etwas oder gibt es eine Geschenkliste? Und ich habe noch eine Frage: Wo kann ich übernachten? Gibt es vielleicht ein Hotel in der Nähe?
Viele Grüße
Sandra

8
Bewertung: siehe S. 56–58

5 Was machen Sie beruflich?

1
1. Montag/23.9.; 2. probst@meller.de; 3. 9-15 Uhr; 4. 0316 720436; 5. Personalausweis

2
1. richtig; 2. richtig; 3. falsch; 4. falsch; 5. falsch

3
1. verlängern; 2. abheben; 3. unterschreibt; 4. beantragen; 5. eröffnen

4
1. -en; 2. -e; 3. -en; 4. -e; 5. -en

5
1. mit meiner; 2. ohne seinen; 3. mit ihrem; 4. mit seinen; 5. Ohne ihren

6
1c; 2f; 3x; 4e; 5a

7
Musterlösung:
Sehr geehrte Frau Beer,
vielen Dank für die Einladung zum Abendessen. Ich komme gern. Kann ich meinen Mann mitbringen? Können Sie mir den Weg erklären? Vielen Dank!
Mit freundlichen Grüßen
Amita Sabal

8
Bewertung: jeweils 0,5 Punkte pro höfliche Bitte und 0,5 Punkte pro Antwort

6 Ganz schön mobil

1
1. Sonntagmorgen; 2. 120; 3. vor dem Kino; 4. 1120; 5. 878 95 39

2
1. Trainerin; 2. Musiker; 3. Herzchirurgin; 4. Übersetzerin; 5. Schaffner

3
1E; 2B; 3F; 4A; 5C

4
1. modernen; 2. bekannte; 3. leckeres; 4. neuen; 5. tollen

5
1. wirst; 2. geworden; 3. wurde; 4. werden; 5. werdet

6
1. Studium: Soziale Arbeit und Lehramt; 2. Lehrer an einer Hauptschule; 3. alter Job war anstrengend; 4. er kann selbst entscheiden; 5. Tilo macht den Haushalt.

7
Mustermail:
Liebe Luisa,
mir geht es sehr gut. Ja, das stimmt, ich habe meinen Beruf gewechselt und arbeite nicht mehr bei der Bank. Seit drei Monaten studiere ich in Münster Jura. Meiner Familie geht es gut. Wir können uns gern treffen. Ich habe am Wochenende Zeit, du auch?
Viele Grüße
Mira

8
Bewertung: siehe S. 56–58

7 Ganz schön mobil.

1
1c; 2c; 3b; 4a; 5c

2
1. -; 2. +; 3. -; 4. -; 5. +

3
1. steht; 2. nimmt; 3. halten; 4. verpasst; 5. erreichen

4
1. wann; 2. wie lange; 3. wie viel; 4. ob; 5. wohin

5
1. durch; 2. bis zum; 3. an … vorbei; 4. bis zur; 5. gegenüber von

6
1f; 2g; 3d; 4X; 5e

7
Musterlösung:
Sabine und Amin sind gute Freunde. Sie haben einen Ausflug ans Meer geplant und sich dafür ein Auto gemietet. Das Auto war sehr billig und sie haben sich gefreut. Am Morgen haben sie das Auto abgeholt und sind losgefahren. Nach nur wenigen Kilometern macht das Auto komische Geräusche und fährt nicht mehr. Amin ist sauer, weil sie jetzt nicht ans Meer fahren können, aber Sabine ist ganz ruhig. Sie ruft Freunde an und fragt, ob sie Zeit haben. Sie fahren zusammen mit den Freunden ans Meer und haben einen schönen Tag.

8
Bewertung: siehe S. 56–58

8 Gelernt ist gelernt!

1
1. Malen, Sprache; 2. Sport, Medien; 3. Musik, Malen, Sprache; 4. Musik, Medien; 5. Sprache

2
1. kapiert; 2. Ratschläge; 3. merken; 4. Zeitplan; 5. verschieben

3
1. ~~bin~~, habe; 2. ~~vorher~~, dann/danach; 3. ~~einsten~~, ersten; 4. ~~ihr~~, Ihnen; 5. ~~Geben~~, Gibt

4
1. Sie sollten die anderen ansehen. 2. Du solltest lächeln und dich bewegen. 3. Sie sollten mit anderen zusammen lernen. 4. Du solltest regelmäßig Pausen machen. 5. Ihr solltet mit dem Prüfer reden.

5
1. Was für; 2. Was für einen; 3. was für einem; 4. was für eine; 5. was für einer

6
Musterlösung:
Sehr geehrte Frau Zondeck,
vielen Dank für die Anmeldung zum Kommunikations-Workshop. Ich komme sehr gern mit. Was soll ich mitnehmen? Wo findet der Workshop statt und wann fängt er an?
Mit freundlichen Grüße
Dana Zipse

7
1a; 2b; 3b; 4a; 5c

8
Bewertung: 1 Punkt für die Problembeschreibung, 1 Punkt pro Ratschlag und 1 Punkt für die Aussprache

9 Sportlich, sportlich!

1
1c; 2b; 3b; 4a; 5c

2
1. der Klettergurt; 2. der Skistock; 3. das Surfbrett; 4. die Taucherbrille; 5. der Tennisschläger

3
1. dem, -; 2. -em, den; 3. -er, -e; 4. dem, -; 5. den, die

4
1. Lea gibt ihn ihm. 2. Er bietet sie ihr an. 3. Dave leiht es ihm. 4. Der Trainer zeigt sie ihnen. 5. Maria schickt ihn ihnen.

5
1. … trotzdem ist sie sehr sportlich. 2. … deshalb ist sie sehr traurig. 3. … deshalb darf er nicht zum Klettern gehen. 4. … trotzdem spielt er Fußball. 5. … deshalb macht er Yoga.

6
1b; 2c; 3a; 4b; 5b

7
Mustermail:
Liebe Chiara,
danke für deine E-Mail. Ich habe mich sehr darüber gefreut. Zu deinen Fragen: Mir geht es gut. Ich surfe auch gern im Urlaub. Ich habe letztes Jahr einen Surfkurs gemacht. Bei mir gibt es viel Neues. Ich habe endlich eine Wohnung gefunden und ziehe nächsten Monat um.

Danach habe ich Zeit. Ich kann am ersten Wochenende im November. Willst du mich besuchen?
Liebe Grüße
Salvatore

8
Bewertung: siehe S. 56–58

10 Zusammen leben

1
1. falsch; 2. falsch; 3. richtig; 4. richtig; 5. falsch

2
1b; 2a; 3b; 4a; 5b

3
1. neben; 2. außerhalb von; 3. am Stadtrand; 4. schmutzig; 5. mitten

4
1. unter dem; 2. auf den; 3. auf dem; 4. ins; 5. an der

5
a) 1. wenn; 2. Als; 3. wenn
b) 4. Als ich ein Jahr später wieder nach Österreich gekommen bin; 5. Wenn ich heute in ein fremdes Land reise

6
1b; 2X; 3d; 4c; 5f

7
Mustermail:
Hallo Clara,
herzlichen Glückwunsch zu deiner neuen Wohnung! Wie sind denn deine neuen Nachbarn? Ich hoffe, sie sind nett. Ich komme gern zu deiner Party. Wie komme ich zu deiner Wohnung? Kannst du mir den Weg erklären? Soll ich etwas mitbringen? Vielleicht einen Salat?
Liebe Grüße
Abdul

8
Bewertung: siehe S. 56–58

11 Wie die Zeit vergeht!

1
1. nein; 2. nein; 3. ja; 4. nein; 5. ja

2
1D; 2F; 3E; 4B; 5A

3
1. Du könntest das Telefon ausschalten. 2. Ich würde mit ihm sprechen. 3. Sie sollten abends nicht mehr arbeiten. 4. Ihr könntet mehr zusammen unternehmen. 5. An deiner Stelle würde ich früher ins Bett gehen.

4
1. um; 2. auf; 3. über; 4. mit; 5. auf

5
1. Worüber; 2. Mit wem; 3. Worauf; 4. Auf wen; 5. Worum

6
Musternachricht:
Hi Piotr, es tut mir sehr leid, aber ich komme zu spät. Die Fahrradtour hat etwas länger gedauert. Können wir uns um 18 Uhr direkt vor dem Kino treffen?
Danke und bis später
Anouk

7
1c; 2c; 3a; 4c; 5b

8
Bewertung: siehe S. 56–58

12 Gute Unterhaltung

1
Wind, Regen, 15 Grad, Sonne

2
1D; 2F; 3B; 4E; 5C

3
1. ~~Meldungen~~: Kunstwerke; 2. ~~Gesellschaften~~: Führungen; 3. ~~Blatt~~: Schnäppchen; 4. ~~Einsatz~~: Ausblick; 5. ~~Werte~~: Tickets

4
1. die immer scheint; 2. den ich zum Leben brauche; 3. der grün und stark im Garten steht; 4. das ich immer wieder lesen will; 5. den ich wirklich liebe

5
1. niemanden; 2. alles; 3. jemand; 4. etwas; 5. nichts

6
1. falsch; 2. richtig; 3. falsch; 4. falsch; 5. richtig

7
Mustertext:
Ich war vor ein paar Wochen bei dem Konzert von Silbermond. Das Konzert war im Stadtpark in Hamburg. Ich war mit meinem Freund Deniz dort. Mir hat die Stimme von der Sängerin am besten gefallen. Die Tickets waren sehr teuer. Das fand ich nicht so gut. Ich möchte auch mal ein Konzert von Mark Forster besuchen.

8
Bewertung: siehe S. 56–58

Bewertung und Benotung

Die Bewertung orientiert sich an dem Bewertungssystem für die A2-Tests von *Goethe-Institut* und *telc*: Mit 60 % der Punktzahl, also mit 24 Punkten, hat man bestanden. Das *ÖSD Zertifikat A2* hat man mit 50 % der Punktzahl bestanden. Die Bewertung und Benotung im Detail:

40 – 37 Punkte = sehr gut (1)
36 – 33 Punkte = gut (2)
32 – 29 Punkte = befriedigend (3)
28 – 24 Punkte = ausreichend (4)
Unter 24 Punkten = nicht bestanden

Die in den Kapiteltests erreichten Punkte können Sie mit dieser Leiste in Prozent umrechnen:

Prozente	10	20	30	40	50	60	70	80	90	100
Punkte	1 2 3 4	5 6 7 8	9 10 11 12	13 14 15 16	17 18 19 20	21 22 23 24	25 26 27 28	29 30 31 32	33 34 35 36	37 38 39 40

Orientieren Sie sich bei der Bewertung der produktiven Testteile Schreiben und Sprechen an den Kriterien von *Goethe-Zertifikat A2, telc Deutsch A2* und *ÖSD Zertifikat A2*. Sie müssen sie nur der vorgegebenen Punktzahl im Lösungsschlüssel anpassen.

Goethe-Zertifikat A2

1. Bewertung Schreiben

Insgesamt kann man im Teil Schreiben 20 Punkte erreichen. Für Teil 1 und Teil 2 gilt jeweils folgende Punkteverteilung:

Aufgabenerfüllung: Sprachfunktion und Register	5 Punkte	alle drei Sprachfunktionen angemessen
	3,5 Punkte	zwei Sprachfunktionen angemessen oder eine angemessen und zwei teilweise
	3 Punkte	eine Sprachfunktionen angemessen und eine teilweise oder alle teilweise
	1,5 Punkte	eine Sprachfunktionen angemessen oder teilweise
	0 Punkte	Textumfang weniger als 50 % oder Thema verfehlt
Sprache: Spektrum und Beherrschung von Kohärenz, Wortschatz und Strukturen	5 Punkt	angemessen und differenziert
	3,5 Punkte	überwiegend angemessen
	3 Punkte	teilweise angemessen
	1,5 Punkte	kaum angemessen
	0 Punkte	Text durchgängig unangemessen

Schreiben wird am Ende mit dem Faktor 1,25 multipliziert, sodass man maximal 25 Punkte erreichen kann.

2. Bewertung Sprechen

Insgesamt kann man im Teil Sprechen 25 Punkte erreichen. Für Teil 1 kann man maximal 4 Punkte bekommen, für Teil 2 und 3 jeweils maximal 8 Punkte.

	Teil 1 / Teil 2	
Aufgabenerfüllung: Sprachfunktion, Interaktion und Register	2/4 Punkte	angemessen
	1,5/3 Punkte	überwiegend angemessen
	1/2 Punkte	teilweise angemessen
	0,5/1 Punkte	kaum angemessen
	0/0 Punkte	Gesprächsanteil nicht bewertbar
Sprache: Spektrum und Beherrschung von Wortschatz und Strukturen	2/4 Punkte	angemessen und differenziert
	1,5/3 Punkte	überwiegend angemessen
	1/2 Punkte	teilweise angemessen
	0,5/1 Punkte	kaum angemessen
	0/0 Punkte	Äußerungen durchgängig unangemessen

Einmalig werden bis zu 5 Punkte für die Aussprache vergeben.

ÖSD Zertifikat A2

1. Bewertung Schreiben

Insgesamt kann man im Teil Schreiben maximal 15 Punkte erreichen.

Kommunikative Angemessenheit/Textsorte: Situations- und Adressatenbezug, Register, Ton, Anwenden von Formalia (Anrede und Gruß)	2 Punkte	trifft voll zu
	1 Punkte	trifft teilweise zu
	0 Punkte	trifft kaum/nicht zu
Textaufbau/Textkohärenz: Text kohärent; Verwendung unterschiedlicher Satzanfänge/-strukturen/-verknüpfungen	2 Punkte	trifft voll zu
	1 Punkte	trifft teilweise zu
	0 Punkte	trifft kaum/nicht zu
Lexik: Wortwahl passend und verständlich	5 Punkte	trifft voll zu
	4–3 Punkte	trifft in hohem Maße zu
	2–1 Punkte	trifft teilweise zu
	0 Punkte	trifft kaum/nicht zu
Formale Richtigkeit: Orthografie, Interpunktion, Syntax, Morphologie	5 Punkte	trifft voll zu
	4–3 Punkte	trifft in hohem Maße zu
	2–1 Punkte	trifft teilweise zu
	0 Punkte	trifft kaum/nicht zu

Außerdem kann man einen zusätzlichen Punkt bekommen, wenn man vier Fragen im Umfang ausreichend beantwortet, mit zusätzlicher eigenständiger Mehrleistung.

2. Bewertung Sprechen

Insgesamt kann man im Teil Sprechen maximal 20 Punkte erreichen.

Teil 1: Sich vorstellen

Inhaltliche Angemessenheit: Aufgabe inhaltlich voll erfüllt = über 5 Themen ausreichend und im Ausdruck angemessen gesprochen	3 Punkte	trifft voll zu
	2–1 Punkte	trifft teilweise zu
	0 Punkte	trifft kaum/nicht zu

Teil 2: Gemeinsam eine Aufgabe lösen

Inhaltliche Angemessenheit: Aufgabe inhaltlich voll erfüllt = Kommunikationsziel erreicht; kommunikativ angemessen, dialogisches Sprechen	3 Punkte	trifft voll zu
	2–1 Punkte	trifft teilweise zu
	0 Punkte	trifft kaum/nicht zu

Im Teil Sprechen werden auch einmalig Punkte vergeben für:
1. Ausdruck und Wortschatz (bis zu 5 Punkte)
2. Verständlichkeit (bis zu 4 Punkte)
3. Formale Richtigkeit (bis zu 5 Punkte)

telc Deutsch A2 (SD)

1. Bewertung Schreiben

Insgesamt kann man im Teil Schreiben 10 Punkte erreichen. Für Teil 1, 2 und 3 sieht die Punkteverteilung jeweils wie folgt aus:

Erfüllung der Aufgabenstellung (pro Inhaltspunkt)	3 Punkt	Aufgabe voll erfüllt und verständlich
	1,5 Punkte	Aufgabe wegen sprachlicher und inhaltlicher Mängel nur teilweise erfüllt
	0 Punkte	Aufgabe nicht erfüllt und/oder unverständlich

Orthografiefehler führen nur zu Punktabzug, wenn sie das Verständnis beeinträchtigen.
Einmalig wird für die kommunikative Gestaltung 1 Punkt vergeben.

2. Bewertung Sprechen

Erfüllung der Aufgabenstellung und sprachliche Realisierung	volle Punktzahl	Aufgabe voll erfüllt und verständlich
	halbe Punktzahl	Aufgabe wegen sprachlicher und inhaltlicher Mängel nur teilweise erfüllt
	0 Punkte	Aufgabe nicht erfüllt und/oder unverständlich

Teil 1: maximal 3 Punkte: 1 Punkt für Vorstellung, 2 Punkte für Zusatzfragen
Teil 2: maximal 6 Punkte: 1 Punkt pro Frage und 1 Punkt pro Antwort
Teil 3: maximal 6 Punkte: 3 Punkte für die Erfüllung der Aufgabenstellung, 3 Punkte für die sprachliche Realisierung

Detaillierte Hinweise zu den Tests finden Sie auf den Webseiten von Goethe-Institut (*www.goethe.de*), telc (*www.telc.net*) und ÖSD (*www.osd.at*).

Bildquellen:
Cover Dieter Mayr, München; **7** Shutterstock (Galina Barskaya), New York; **10** Shutterstock (arrowsmith2), New York; **11** Shutterstock (stockfour), New York; **13.1** Shutterstock (Alexey Boldin), New York; **13.2** Shutterstock (goir), New York; **13.3** Shutterstock (cobalt88), New York; **13.4** Shutterstock (Lukas Gojda), New York; **13.5** Shutterstock (Africa Studio), New York; **13.6** Shutterstock (andras_csontos), New York; **13.7** Shutterstock (Neveshkin Nikolay), New York; **13.8** Getty Images (mgkaya), München; **13.9** Shutterstock (Alexey Boldin), New York; **17.1** Shutterstock (bbernard), New York; **17.2** Shutterstock (pixelliebe), New York; **19** Shutterstock (Boris Stroujko), New York; **23.1** Getty Images (Murat Taner), München; **23.2** Getty Images (Morsa Images), München; **24.1** Shutterstock (August_0802), New York; **24.2** Shutterstock (2M media), New York; **24.3** Shutterstock (Elnur), New York; **24.4, 40.4** Getty Images (kyoshino), München; **24.5** Getty Images (Creative Crop), München; **24.6, 40.6** Shutterstock (Stock2You), New York; **24.7** Shutterstock (Denis Belitsky), New York; **24.8** Getty Images (Oleksandr Filon), München; **24.9** Shutterstock (Dimitris Leonidas), New York; **24.10** mattiaqua; **24.11** Getty Images (Ariel Skelley), München; **27.1** Shutterstock (CandyBox Images), New York; **27.2** Shutterstock (VECTOR FUN), New York; **28** Shutterstock (Monkey Business Images), New York; **31.1** Shutterstock (bluesea.cz), New York; **31.2** Shutterstock (G-Stock Studio), New York; **31.3** Getty Images (Ben Welsh), München; **31.4** Shutterstock (vectorfusionart), New York; **31.5** Shutterstock (Goran Bogicevic), New York; **31.6** Getty Images (Thomas Barwick), München; **31.7** Shutterstock (Lalandrew), New York; **31.8** Shutterstock (GaudyGarden), New York; **31.9** Shutterstock (sagir), New York; **31.10** Shutterstock (aperturesound), New York; **31.11** Shutterstock (Anton Starikov), New York; **31.12** Shutterstock (Carlos Amarillo), New York; **31.13** Getty Images (simonkr), München; **31.14** Shutterstock (UfaBizPhoto), New York; **31.15** Shutterstock (Africa Studio), New York; **40.1** Shutterstock (RENATOK), New York; **40.2** Shutterstock (Sina Ettmer Photography), New York; **40.3** Shutterstock (Ruslan Suseynov), New York; **40.5** Shutterstock (IlonaBa), New York; **40.7** Shutterstock (Personal Belongings), New York; **40.8** Shutterstock (Monkey Business Images), New York; **40.9** Shutterstock (fizkes), New York; **40.10** Shutterstock (Elena Veselova), New York; **40.11** Shutterstock (Manzetta), New York; **41.1** Shutterstock (Painterstock), New York; **41.2** Shutterstock (footageclips), New York; **42** agefotostock (Patrick Hoffmann / WENN.com), Barcelona